HISTOIRE

DES NAUFRAGES

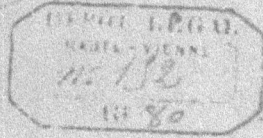

1re SÉRIE IN-8.

NOTA

—

HISTOIRE

DES

NAUFRAGES

ANCIENS ET MODERNES

PAR CHARLES DE FOLLEVILLE.

QUATRIÈME ÉDITION.

LIMOGES
EUGÈNE ARDANT ET Cⁱᵉ, ÉDITEURS.

NAUFRAGES CÉLÈBRES.

NAUFRAGE DU BRIGANTIN LE TIGRE,

Près des côtes de la Louisiane, sur les îles Apalaches,

ET AVENTURES DU CAPITAINE VIAUD ET DE Mᵐᵉ DE LA COUTURE,

L'un et l'autre Français, en 1766.

Victime d'un affreux désastre et livré au sort le plus cruel pendant quatre-vingt-un jours, le capitaine de vaisseau Viaud, de Nantes, en rapporte lui-même les sinistres détails dans la lettre qu'on va lire, et que l'on profanerait en l'analysant :

                                        « Nantes, juin 1767.

» Vous avez été longtemps inquiet sur mon sort, mon cher ami ; vous étiez presque persuadé, ainsi que ma famille, que j'avais péri dans mon dernier voyage ; ma lettre a séché les larmes que l'idée de ma perte faisait couler. Les regrets de mes amis me flattent et m'attendrissent ; ils me consolent de mes malheurs passés.

» Vous vous plaignez de ce que je me suis contenté de vous marquer que j'avais fait naufrage, sans entrer dans aucun dé-

tail : maintenant, rassuré sur ma vie, vous désirez un récit
plus circonstancié de mes aventures. Mais n'attendez pas que
je mette de l'ordre dans cette relation. J'ai perdu la plupart
des dates.

» Je partis de Bordeaux, en février 1765, sur l'*Aimable Su-
zette*, commandée par M. de Saint-Cric, à qui je servais de
second.

» Notre voyage fut heureux, et j'arrivai à Saint-Domingue
sans accident.

» Je ne vous parlerai pas de mon séjour dans cette île.

» Je m'occupai de mon retour en France; mais je tombai
malade et l'on dut me transporter à l'île Saint-Louis. Là, quelques jours de repos et les soins généreux de M. Desclau, un
habitant de cette île qui me donnait l'hospitalité, me rendirent
bientôt ma première santé. Alors ce même M. Desclau, qui vit
mon impatience de rejoindre ma ville de Nantes, me proposa,
un jour, d'employer mon argent à l'achat de marchandises que
je serais sûr de vendre à la Louisiane: il allait s'y rendre lui-
même, et il m'offrait de l'accompagner.

» Je n'hésitai pas à suivre l'avis de M. Desclau, qui allait à la
Louisiane dans le même but de commerce qu'il me proposait
de faire. Je m'associai avec lui, et après avoir fait les achats
nécessaires, nous frétâmes le brigantin le *Tigre*, capitaine de
la Couture.

» Le capitaine du *Tigre*, M. de la Couture, emmenait avec
lui madame de la Couture, sa femme ; il avait en outre son
fils, un jeune homme de seize ans, son second, neuf matelots,
M. Desclau, un nègre à notre service, et moi.

» Le *Tigre* appareilla de la rade de Saint-Louis, le 2 janvier 1766. Nous essuyâmes un grain forcé de douze heures qui
retarda notre marche. Néanmoins nous cinglâmes constamment
vers la Louisiane.

» Le 26 janvier, nous aperçûmes l'île des Pins, que le capitaine de la Couture soutint être le cap Saint-Antoine. J'essayai vainement de lui prouver qu'il était dans l'erreur. Il continua sa route sans précaution et nous conduisit dans les bri-

sants. Nous y étions en plein lorsque je m'en aperçus pen-
·dant la nuit. Le danger était pressant; et comme le capitaine
de la Couture était malade, je pris sa place. Alors je fis virer
de bord, seule manière d'échapper au danger, et je réussis à
nous arra her aux brisants.

» Notre bâtiment fatigué par la mer faisait eau de tous côtés
cependant. Aussi l'équipage voulait-il que je me chargeasse
du commandement. Mais je n'avais qu'une connaissance théo-
rique de ces parages et de ces côtes, où je n'avais pas encore
navigué, et je savais que la théorie est loin de valoir la pratique.
En outre je ne voulais pas affliger le capitaine de la Couture.
Je me contentai donc d'observer la manœuvre d'un œil vigi-
lant.

» Enfin nous doublâmes le cap Saint-Antoine, pour entrer
dans le vaste golfe de la Floride.

» Mais de nouveaux coups de vent nous assaillirent et ouvrirent des voies d'eau que deux pompes puisaient à peine. Le
vent ne cessait de nous être contraire : la mer s'agitait et nous
menaçait d'une tempête. L'alarme était générale, et cette situation pénible ne semblait pas vouloir changer.

» Dans ces circonstances inquiétantes, le 18 février, à sept
heures du soir, nous fûmes rejoints par une frégate espagnole
venant de la Havane, suivant la même route que nous et portant le gouverneur accompagné de son état-major, qui allait
prendre possession du Mississipi. Cette frégate nous demanda
de marcher avec nous, et certes ! nous le lui accordâmes avec
joie. Mais nous ne cinglâmes pas longtemps de conserve : elle
nous perdit pendant la nuit. Elle faisait route à petite voile et
nous ne pouvions en porter aucune, nous étions contraints
de tenir à la cape.

» Ainsi, le lendemain, le *Tigre* se trouva seul sur la vaste
et orageuse nappe d'eau. Hélas ! bientôt nous découvrîmes une
nouvelle voie d'eau qui redoubla notre consternation. Je fis
décharger le brigantin de toutes les marchandises de poids; j'é-
tablis un puits au grand panneau, avec les barriques de notre
cargaison, afin d'essayer si l'on pourrait achever de puiser l'eau

avec des seaux, les deux pompes ne suffisant pas. Ces soins
furent inutiles. L'eau nous gagnait de plus en plus ; le travail
des matelots les mettait sur les dents ; nous ne savions plus que
faire. Enfin, reconnaissant l'impossibilité de tenir la mer, nous
prîmes la résolution de relâcher à la Mobile. C'était le seul port
où le vent nous permît de nous rendre, et c'était le plus près,
car nous étions loin des îles de la Chandeleur.

» Nous dirigeâmes donc notre route vers l'embouchure de
la Mobile : mais le ciel ne nous permit pas d'y arriver, le vent
qui nous y poussait ayant changé au bout de deux heures. Alors
nous fîmes tous nos efforts pour gagner Passacole, port plus
éloigné que celui de la Mobile. Cette entreprise échoua comme
les autres : les vents nous contrarièrent de nouveau, et nous
retinrent au milieu d'une mer agitée, contre laquelle nous com-
battions avec courage, mais sans espoir de prendre port nulle
part.

» Convaincus qu'à tout moment l'Océan allait s'ouvrir pour
nous engloutir, nous nous occupâmes de conserver notre vie,
et, dans ce but, nous essayâmes de faire côte aux îles Apalaches. Cette fois encore, notre dessein ne put s'accomplir. Nous
restâmes à la merci des flots, assurés de périr, et faisant néanmoins des efforts continuels pour sortir du danger.

» Tel fut notre état depuis le 12 février jusqu'au 16.

» Enfin, le soir de ce seizième jour de février, nous nous
trouvâmes soudain échoués sur une chaîne de brisants à deux
lieues de la terre. Les secousses furent si terribles qu'elles
ouvrirent l'arrière du brigantin, et alors nous restâmes pendant
vingt minutes dans cette épouvantable situation. Bref, la violence des lames nous poussa au bout d'une demi-heure hors
de ces brisants, et nous nous retrouvâmes à flot, mais sans
gouvernail, combattus par l'eau qui nous environnait et par
celle qui engloutissait peu à peu notre bâtiment.

» Le peu d'espoir qui nous avait soutenus jusqu'alors s'éva-
nouit tout-à-fait ; aussi le *Tigre* retentit des cris lamentables
de madame de la Couture embrassant son mari et serrant son

fils dans ses bras, et des matelots qui se préparaient à la mort
en se faisant leurs adieux.

» Quel spectacle ! Il faut en avoir été le témoin pour s'en for-
mer une idée....

» Je partageais les terreurs de l'équipage, et si mon désespoir éclatait moins, il était égal au sien. Néanmoins, ma tran-
quillité apparente en imposa aux matelots : je leur inspirai dans
ce moment affreux une sorte de confiance qui les rendit do-
ciles à mes ordres. Le vent nous poussait vers la terre ; je fis
gouverner avec les bras et les écoutes de misaine ; et, par un
bonheur inouï, et auquel nous ne devions pas nous attendre,
nous arrivâmes le même soir, à neuf heures, à l'est de l'île des
Chiens, et nous y fîmes côte à une portée de fusil de la terre.
Mais l'agitation de la mer ne nous permettant pas de la gagner,
nous songeâmes à couper nos mâts pour faire un radeau qui
pût nous y conduire. Pendant que nous nous occupions de cet
ouvrage, la violence du vent et la force des vagues jetèrent
notre brigantin sur le côté de bâbord. Ce mouvement imprévu
faillit nous être funeste. Nous devions tous périr et tomber dans
la mer. Grâce à Dieu ! nous échappâmes à ce péril.

» La lune, qui jusqu'à ce moment nous avait prêté une faible
clarté souvent interceptée par les nuages, se cacha tout-à-
coup. Privés de la lumière, il nous fut impossible de songer
à nous rendre à terre : nous dûmes nous résoudre à passer la
nuit sur le côté de notre pauvre *Tigre*. Qu'elle nous parut longue, cette nuit ! nous étions exposés à une horrible pluie ; les
vagues qui couvraient constamment le navire se brisaient sur
nous ; le tonnerre ne cessait de retentir, et les éclairs qui
brillaient à chaque minute ne nous faisaient découvrir dans
un immense horizon qu'une mer furieuse toujours sur le point
de nous engloutir. Les ténèbres qui leur succédaient étaient
plus affreuses encore.

» Attachés au bastingage du brigantin, cramponnés à tout
ce qui nous offrait un point de résistance, mouillés, transis,
épuisés par les efforts que nous faisions pour résister à l'impétuosité des vagues, nous vîmes enfin renaître le jour. Hélas !

nous apercevions la terre à p u de distance, mais nous ne pouvions nous y rendre. La fureur de la m   gla a t d'épouvante
les plus intrépides nageurs. Les lames roulaient en effet avec
une fureur dont on a vu peu d'exemples : le malheureux qui
s'y serait exposé eût couru le risque d'être emporté en pleine
mer, ou d'être écrasé contre la terre ou contre le navire lui-
même. Aussi le désespoir s'empara de nous tous.

» Plusieurs heures s'écoulèrent ainsi sans apporter aucun
changement à notre position. Mais ensuite et tout-à-coup, un
matelot, qui depuis le jour n'avait cessé de verser des larmes,
les essuie, se lève dans une extrême surexcitation, et s'écrie :

» — Qu'attendons-nous donc ? la 'mort nous environne de
toutes parts ; elle ne tardera pas à nous saisir, eh bien ! volons
au-devant d'elle ! c'est dans les flots que nous devons la trouver.
Si nous la bravons, peut-être nous fuira-t-elle. La terre est
devant nous ; il n'est pas impossible d'y arriver, je vais tenter
d'y aborder. Si je meurs, j'avance ma fin de quelques heures
seulement.

» Il dit et plonge dans la mer. Quelques-uns de ses camarades, animés par son exemple, veulent le suivre. Il les arrête
à grand'peine : je leur montre leur ami roulé par les flots qui
se débat inutilement contre eux ; entraîné vers le rivage qu'il
touche bientôt, bientôt il est repris par la lame ; puis il reparaît, disparaît et reparaît tour à tour ; mais enfin il est écrasé
contre un rocher..... Cet horrible tableau leur enlève l'envie
de l'imiter.

» Cependant la plus grande partie du jour s'était écoulée ;
il était cinq heures du soir. Nous songions avec terreur à la
nuit que nous avions passée, et nous frémissions d'avance à
l'idée de celle qui allait suivre. Les mâts et les haubans que
nous avions coupés la veille avaient été emportés par les vagues. L'espoir de nous sauver dans un radeau s'était évanoui.
Nous avions bien un mauvais canot, mais il était hors d'état de
faire le court trajet du navire jusqu'à terre. Nous l'avions exa-
miné à diverses reprises, et chaque fois nous avions renoncé
à nous en servir. Néanmoins, trois matelots plus courageux

ou plus désespérés, osèrent s'embarquer sur cette frêle machine. Ils y descendirent sans avertir personne de leur dessein. Nous ne nous en aperçûmes que lorsqu'ils furent éloignés. Nous les regardâmes comme des hommes perdus. Nous
restâmes témoins de leurs efforts, des peines qu'ils se donnèrent et des risques qu'ils coururent d'être submergés. Cependant ils réussirent contre notre attente, et abordèrent le rivage.
Certes! nous enviâmes leur bonheur! Tous, nous regrettâmes
de n'avoir pas eu la même hardiesse. Avec cela, les signes
qu'ils nous faisaient et leurs démonstrations de joie étaient
autant de coups de poignard pour nous.

« La nuit nous déroba bientôt la vue de nos compagnons qui
s'étaient sauvés. Contraints de rester encore sur le brigantin,
nous comparions leur situation à la nôtre. Nos souffrances semblaient augmenter parce qu'ils ne les partageaient pas. Cette
nuit fut donc aussi terrible que la première.

« Depuis que le *Tigre* était sur la hanche, nous n'avions
pas pu pénétrer dans l'intérieur. Nous n'osions pas non plus y
faire des ouvertures, car nous craignions de préparer ainsi de
nouveaux passages à l'eau, qui en le remplissant l'aurait bientôt brisé. De cette façon, nous étions sans provisions, et depuis
de longues heures nous n'avions ni bu ni mangé. En outre,
échoué, le brigantin était enserré par d'énormes rochers, contre lesquels les vagues, en oscillant, lui faisaient subir des
secousses épouvantables qui l'ébranlaient et menaçaient sans
fin de le rompre et de nous engloutir.

« Le lendemain, 18 février, nous revîmes le jour dont nous
avions désespéré de jouir encore.

« Le vent se calma un peu; l'agitation de la mer diminua.
Alors, un de nos matelots, excellent nageur, après avoir exa-
miné quelque temps le chemin qu'il y avait à faire pour atteindre le rivage, se détermina à risquer le passage. Nous l'encou-
rageâmes, et nous lui remîmes des mouchoirs et des brasses de
linge qui pouvaient servir à calfater le canot qui était sur la
plage. Il s'en chargea et se jeta dans la mer. Nous le vîmes
plusieurs fois sur le point de périr. Nos yeux s'attachaient à

tous ses mouvements. Nous le regardions comme notre unique
sauveur : notre sort dépendait du sien. Nous l'encouragions
lu geste et de la voix. Enfin, après avoir passé cent fois alternativement de la crainte à l'espérance, nous le vîmes gagner
le rivage après des efforts inouïs.

» Nous tombâmes aussitôt à genoux pour en remercier le
ciel.

» Il était alors sept heures du matin. Nous attendîmes avec
impatience le moment où il viendrait nous chercher, et nous
restions continuellement tournés vers la terre. Alors, à trois
heures de l'après-midi, nous le vîmes lancer le canot et... il
vint droit au brigantin. Comment peindre la joie de l'équipage ! Elle éclatait par des cris, par des larmes, et nous nous
embrassions tous. Cette sensibilité dura peu, car il fut question
de s'embarquer. Le canot était petit ; il ne pouvait contenir
qu'une partie de notre monde. Tous ne pouvaient y entrer sans
le surcharger : chacun le sentait, mais aucun ne voulait rester
pour le second voyage. La crainte de quelque accident qui pût
empêcher la frêle embarcation de revenir ; celle de rester exposé encore sur le *Tigre*, portait tous les matelots à demander
à passer les premiers. Ceux qui avaient amené le canot me
conjurèrent d'en profiter sur-le-champ, en me disant qu'ils
n'espéraient pas qu'il fût en état de revenir deux fois. Ces paroles, entendues de tout le monde, excitèrent de nouveaux
gémissements. Je pris aussitôt mon parti. J'élevai la voix et
j'imposai silence, en prescrivant de s'en rapporter au sort.
Cette résolution mit tout le monde d'accord. Ce fut avec le jeu
de cartes d'un matelot que nous fîmes parler le sort. De onze
que nous étions encore, quatre s'embarquèrent avec les matelots qui avaient amené le canot. Ils arrivèrent heureusement
à terre, et l'on revint chercher les autres. Pendant ce temps,
j'avais remarqué que la violence de l'eau avait détaché un
énorme fragment du brigantin. Avec l'aide de M. Desclau et de
mon nègre, je le séparai tout-à-fait de l'avant, et il devint un
radeau propre à suppléer au canot pour me conduire à terre.
J'y descendis avec M. Desclau et le nègre, lorsque tout le monde

fut embarqué, et nous suivîmes le canot de manière à aborder
en même temps que lui.

» Avec quelle joie nous nous trouvâmes à terre ! Des huîtres
que nous avisâmes sur le bord d'une rivière voisine nous fournirent un repas délicieux. La privation de nourriture que nous
avions endurée depuis le 16, donna à celle-ci l'assaisonnement
le plus agréable. Nous passâmes une nuit paisible dans un
sommeil profond qui répara nos forces. Le lendemain, nous
nous éveillâmes avec la même satisfaction · mais elle ne fut pas
de bien longue durée.

» Le second du capitaine de la Couture était tombé malade
quelques jours après notre départ : le naufrage et ses tristes
péripéties avaient aggravé son mal. Comment avait-il eu la
force de gagner le rivage ? je l'ignore. Ce qu'il y a de certain,
c'est que l'effort que dut faire sa nature surexcitée l'épuisa :
il souffrit sans se plaindre, mais il mourut ce jour-là, après
nous avoir fait ses adieux en termes déchirants.

» Sa perte nous arracha des larmes et nous suggéra les plus
tristes réflexions. Nous étions dans un lieu désert ; la terre
ferme n'était pas éloignée, mais comment nous y transporter ?

» Nous nous empressâmes de rendre les derniers devoirs à
notre second capitaine. Nous l'ensevelîmes dans ses habits et
nous creusâmes sa fosse dans le sable.

» Après avoir terminé cette pieuse et lugubre cérémonie, nous
nous promenâmes sur le bord de la mer. Nous y trouvâmes
nos malles, plusieurs barriques de tafia, et quantité de ballots
de marchandises que la mer y avait jetés. Ces objets, à la réserve
du tafia, étaient alors d'une bien faible valeur à nos yeux : nous
aurions préféré un peu de biscuit, des armes à feu pour nous
défendre et nous procurer du gibier, et surtout du feu, dont
nous manquions, et qui aurait séché nos habits et nos membres
transis par le froid et l'humidité ; ce dernier besoin était celui
qui se faisait sentir davantage. Nous essayâmes la méthode
des sauvages, en frottant deux morceaux de bois l'un contre
l'autre ; mais notre maladresse ne nous permit pas d'en venir à
bout.

« Nous renoncions enfin à l'espoir de faire du feu, lorsque
je remarquai que la mer s'était presque entièrement calmée.
Aussi je résolus de faire un voyage à bord à l'aide du canot. S'il
venait à me manquer, le trajet n'était pas long, je savais nager
et les flots n'offraient plus un grand danger. Je tâchai d'engager
un ou deux matelots, très bons nageurs, à m'accompagner ; ils
frémirent à cette seule proposition, car ils ne songeaient pas
sans effroi à nos angoisses sur le *Tigre*.

» On voulut me détourner moi-même de mon projet ; mais je
courus m'embarquer sans vouloir rien entendre. J'arrivai heureusement au brigantin : la mer, en s'abaissant, avait laissé libre une partie de l'entrée. J'y amarrai mon canot et j'entrai. Il
y avait beaucoup d'eau : j'en avais quelquefois jusqu'à la poitrine. Je ne trouvais pas facilement ce que je cherchais, car
tout avait été mis dans un affreux désordre. Par un hasard dont
je me félicitai, je rencontrai sous ma main un petit baril qui
contenait environ vingt-cinq livres de poudre à tirer. Il était
placé dans un endroit où l'eau n'était pas montée. Je pris avec
cela six fusils, plusieurs mouchoirs, des couvertures de laine,
et un sac qui pouvait contenir trente-cinq à quarante livres de
biscuit. Je trouvai encore deux haches, et ce fut tout.

» Je revins dans l'île avec ma petite cargaison. Elle y fut reçue avec une joie générale. Alors je fis ramasser un gros tas
de bois sec, dont on trouvait une grande quantité sur la côte,
et j'allumai un grand feu. Nous nous occupâmes de sécher nos
habits, les couvertures que j'avais apportées et du linge trouvé
dans nos malles. Pendant que quelques hommes s'occupaient
à nettoyer notre biscuit, d'autres disposaient les fusils. J'avais
dans ma malle quelques livres de plomb ; j'en distribuai, avec
de la poudre, aux plus adroits chasseurs, qui, en quelques heures nous apportèrent cinq ou six pièces de gibier. Nous les fîmes cuire et elles nous procurèrent un excellent souper. Nous
passâmes ensuite la nuit auprès de notre feu, enveloppés dans
nos couvertures qui nous tenaient fort chauds.

» Le lendemain, 20 février, nous réfléchîmes sur ce que nous
avions à faire ; il n'y avait aucun chemin frayé pour nous con-

duire à quelque endroit habité : il fallait traverser des rivières fort larges, des bois épais et inaccessibles. Les bêtes féroces étaient aussi à craindre ; et enfin les sauvages n'étaient pas moins à redouter. Nous demeurâmes ce jour entier et le suivant dans des inquiétudes que ne pouvaient manquer de nous inspirer ces réflexions. Nous tremblions à chaque instant d'être attaqués par les naturels de l'île ; nous n'osions plus nous écarter les uns des autres ; le jour et la nuit, nous veillions alternativement afin de ne pas être surpris ; en un mot, notre campement misérable était le théâtre d'un autre genre de misères.

» Le 22 février au matin, presque toute notre troupe, fatiguée de la veille de la nuit, s'était enfin laissé surprendre par le sommeil. Tout-à-coup deux matelots, à qui la crainte tenait encore les yeux ouverts, s'écrièrent d'un ton lamentable :

» — Alerte ! voici des sauvages ! nous sommes perdus !

» A ces mots, tous se lèvent et se croient scalpés... On se prépare à fuir en tumulte. Je réussis enfin à retenir mon monde, et je le force à regarder en face ces sauvages qu'on nous annonce. Ils sont au nombre de cinq, deux hommes et trois femmes, tous armés d'un fusil et d'un casse-tête.

» — Que craignez-vous ? dis-je. Cette bande est-elle si redoutable ?

» Mes compagnons rougissent de leur terreur • ils s'asseoient tranquillement auprès du feu. Les sauvages arrivent. Nous les recevons avec des témoignages d'amitié : ils y répondent par des signes de paix. Alors nous leur faisons présent de quelques vêtements et nous leur faisons boire du tafia. Celui qui est à leur tête parle quelque peu l'espagnol, et un de nos matelots comprenant cette langue, nous tient lieu d'interprète.

» Nous apprenons ainsi du sauvage qu'il s'appelle Antonio et qu'il est de Saint-Marc des Apalaches. Il est venu hiverner dans une île éloignée de trois lieues de celle où nous sommes. Quelques débris de notre naufrage que la mer a poussés sur la côte où il est établi l'ont engagé à venir dans l'île aux Chiens. Il conduit avec lui sa famille, qui se compose de sa mère, de sa femme, de sa sœur et de son neveu...

» Nous lui demandons alors s'il veut nous conduire à Saint-Marc des Apalaches, et nous lui promettons qu'il sera content de nous. A cette proposition, il se retire à l'écart et s'entretient pendant près d'une heure avec les siens. Nous remarquons que pendant ce temps il porta fréquemment les yeux sur nos armes, sur nos malles, sur nos couvertures et nos autres effets. Nous ne savions trop que penser de cette longue conférence, et nous concevions même quelques soupçons contre lui ; mais l'air franc et sincère avec lequel il revint à nous et l'offre qu'il nous fit de venir nous prendre incessamment, les dissipèrent presque aussitôt.

» Antoniq s'éloigne donc avec nos présents, et trois de nos matelots ne font pas difficulté de s'en aller avec lui. Il nous promet de revenir le lendemain avec sa pirogue.

» En effet, Antonio reparaît le 24 février. Il nous apporte une outarde et la moitié d'un chevreuil. Mais, comme il est arrivé tard, nous ne nous embarquons pas ce jour-là. Enfin, le 25, nous chargeons une partie de nos bagages et nous partons au nombre de six, parce que la pirogue n'en peut contenir davantage. Ceux qui restent derrière nous, exigent que je m'en aille le premier, convaincus, disent-ils, que je ne les oublierai pas, et que si le sauvage refusait de venir les prendre, je saurais l'y forcer.

» Antonio nous débarqua dans l'autre île, où nous trouvâmes nos trois compagnons, qui, l'avant-veille, avaient pris les devants. Je n'eus rien de plus pressé, à mon arrivée, que de répondre à la confiance qu'avaient en moi les cinq matelots que nous avions laissés dans l'île aux Chiens. Je conjurai notre hôte de les amener avec le reste de nos effets. Il voulait auparavant nous conduire en terre ferme. Je n'y consentis point. L'opiniâtreté du sauvage me devint suspecte et je le forçai de subir ma volonté. Après deux jours entiers de sollicitations, j'obtins qu'il se mît en route, et, le 28 février, nous nous retrouvâmes tous ensemble. Ce fut une consolation pour nous. Dans notre position, nous formions une famille, et quand un

des quatorze qui la composaient n'était pas avec nous, la
famille était inquiète.

» Dès que tout notre monde fut réuni, je sommai Antonio de
nous tenir parole et de nous mener en terre ferme. Mais l'ardeur
du sauvage s'était bien ralentie : il nous fuyait pour éviter nos
sollicitations. Tout le jour, il allait à la chasse avec sa famille, et
le soir, il ne paraissait pas dans la cabane qu'il nous avait abandonnée, et nous ne savions plus que penser de sa conduite. Que
voulait-il faire de nous? Epiait-il le moment de s'emparer de
nos effets et de nous quitter? Quelques-uns de nos compagnons, fatigués de ces délais, proposèrent un moyen violent :
c'était de tuer les cinq sauvages et de nous emparer de la pirogue, pour tenter d'arriver aux Apalaches. Je les détournai
de ce dessein; nous ne connaissions pas ces mers, comment
aurions-nous trouvé la terre?

» Nous demeurâmes dans cette île cinq jours entiers, vivant de notre chasse et de notre pêche, et mettant grande éco-
nomie dans le biscuit, de crainte qu'il ne nous manquât. Enfin,
à force de chercher Antonio, nous le rencontrâmes. Il consentit
à nous mener. Notre troupe se partagea donc de nouveau, et,
le 5 mars, nous chargeâmes dans la pirogue la meilleure partie de nos effets; puis, nous nous y embarquâmes au nombre de
six, le capitaine de la Couture, sa femme, son fils, mon nègre
et moi. Antonio et sa femme vinrent avec nous. Les trois autres sauvages restèrent avec les matelots, dont nous ne nous
séparâmes pas sans verser des larmes.

» Antonio nous avait assuré que notre voyage ne durerait
pas plus de deux jours : toutefois, la crainte des événements
nous avait portés à nous munir de vivres pour quatre jours.
Cette précaution était raisonnable; mais elle ne fut pas encore
suffisante, car notre route devait être plus longue, nous nous
en aperçûmes dès le premier jour.

» Antonio s'arrêta après trois lieues et nous descendit dans
une île, où il nous contraignit de demeurer jusqu'au lendemain,
que nous ne fîmes pas un chemin plus long. Je remarquai
qu'au lieu de passer le long de la grande terre, il s'amusait à nous

promener d'îles en îles. Cela augmenta la défiance que sa conduite m'inspirait. Six jours s'écoulèrent dans ces petites traver-
sées, nos provisions s'épuisèrent, et nous n'eûmes bientôt plus
d'autre nourriture que les huîtres que nous trouvions sur les
rivages, et quelque peu de gibier que le sauvage nous donnait
quelquefois.

» Les jours suivants ne changèrent rien à la manière dont
Antonio nous faisait voyager. Nous partions à huit ou dix heures du matin, et, à midi, il tenait à s'arrêter jusqu'au lendemain.
Souvent nous faisions ces haltes forcées dans des endroits où
nous ne trouvions rien à manger; l'eau même nous manquait.

» Il y avait sept jours que nous étions en route et la terre
ferme ne paraissait pas. Nous étions accablés de fatigue, épuisés par la mauvaise nourriture, sans force et incapables de
pouvoir ramer. Cet état cruel échauffa mon sang et aigrit mon
caractère. Je ne vis dans le sauvage qu'un adroit scélérat qui
voulait nous faire périr peu à peu. Ces réflexions m'agitaient
au milieu de la nuit et me tenaient éveillé, auprès d'un grand
feu que nous avions allumé et autour duquel dormaient mes
compagnons. J'appelai M. Desclau et le capitaine de la Couture,
pour leur faire part de mes idées sinistres, et j'insistai avec chaleur sur la nécessité de tuer Antonio, puisque c'était un coquin
qui voulait nous perdre. Mes amis jugèrent différemment ce
dessein, et je me rendis à leur raison.

» Le lendemain, 12 mars, nous fîmes encore deux lieues,
et nous descendîmes à notre ordinaire dans une île. Abattus
par la misère, pressés du besoin de dormir, nous prîmes chacun une couverture, dans laquelle nous nous enveloppâmes,
pour nous étendre auprès du feu, et bientôt le sommeil nous
gagna. M'étant éveillé peu après, je ne pus résister à l'envie
d'aller voir ce qui se passait sur le bord de la mer. Je me lève
seul; je marche d'un pas chancelant vers le rivage, et comme
la nuit était venue, que le ciel était serein et que la lune répan-
dait une vive clarté, je cherche la pirogue des yeux. Rien. Je
vais, je viens, je ne l'aperçois plus. J'appelle Antonio, pas de
réponse. Mes compagnons, éveillés par mes cris, accourent

près de moi : hélas ! je n'ai pas besoin de les informer de ce qui fait ma terreur ; ils voient comme moi que la pirogue est absente...... et que le sauvage s'est enfui avec nos bagages.

» Nous voilà donc une seconde fois seuls, dans une île déserte, sans secours, sans aliments, sans armes pour nous en procurer. Nous n'avions que les vêtements et les couvertures dont nous étions enveloppés. Nos fusils, nos épées, nos effets, tout était enlevé avec la pirogue ! Il me restait, pour toute arme, un mauvais couteau que le hasard me fit trouver dans ma poche. Avec cela l'île ne semblait produire aucune racine ; pas un seul arbre ne frappait notre vue, partant pas de fruits ; enfin la mer ne jetait aucun coquillage sur la grève. Mes amis jugez de notre position !

» Dès que le jour parut, nous ramassâmes nos couvertures, l'unique bien qui nous restait, et nous retournâmes sur la plage pour nous mettre en quête de quelques huîtres. Nos recherches furent inutiles. Nous ne trouvâmes même pas une eau potable pour nous désaltérer, car la fièvre nous brûlait.

» Nous arrivâmes ainsi au bout de cette île stérile, d'où nous en découvrîmes une autre qui n'était qu'à la distance d'un demi quart de lieue. Nous y avions passé un jour et une nuit avec le sauvage, et je me rappelai qu'il y avait d'excellents coquillages et de la bonne eau. Combien nous regrettâmes de n'avoir pas été plus tôt abandonnés sur celle-là ! Après nous être reposés quelque temps, nous délibérâmes si nous nous hasarderions à traverser le bras de mer qui séparait les deux îles. Nous devions mourir de faim si nous ne le faisions pas. Personne n'hésita. Mais lorsque nous allions entreprendre cette traversée, une réflexion nous arrêta. Comment madame de la Couture et son fils pourraient-ils nous suivre ? Là-dessus, je pris la main de la jeune femme et M. Desclau celle du jeune homme, le capitaine fit deux paquets de nos couvertures et de nos habits, que nous dûmes quitter ; il en chargea un sur la tête du nègre, garda l'autre, et nous descendîmes dans l'eau. Heureusement le fond était solide et égal ; l'eau, dans sa plus grande profondeur, ne nous montait qu'à la poitrine ; si bien

que nous marchâmes avec prudence et nous atteignîmes l'autre
bord. Madame de la Couture montra un grand courage et une
rare vigueur.

» Arrivés ainsi sur l'île que nous convoitions, nous éprouvâmes un froid d'autant plus insupportable, au sortir de l'eau,
qu'il nous fut impossible de faire du feu : nous n'avions aucun
instrument pour cela. Il fallut nous donner un mouvement
excessif pour rappeler la chaleur. Heureusement, dans cette
marche convulsive, le long du rivage, nous rencontrions des
huîtres que nous dévorions à l'instant même. Rassasiés, nous
en fîmes une provision que nous portâmes auprès d'une source
d'eau douce, où nous campâmes. En ce moment, le soleil était
chaud, il nous sécha et nous réchauffa, mais le soir et la nuit
venus, quelle froidure !

» Le lendemain, il fit un vent de sud et de sud-est, qui rappela en nous quelque chaleur. Nous vécûmes ce jour-là comme
les jours suivants, comme le précédent. Seulement, à nos huîtres, nous joignîmes de l'oseille sauvage.

» Le 22 mars, ou environ, car je ne puis plus vous répondre de l'exactitude des dates, nous nous rappelâmes que dans
une île voisine, où le sauvage nous avait menés, il y avait la
moitié d'une pirogue qu'on avait abandonnée sur la côte. Nous
imaginâmes qu'il ne serait peut-être pas impossible de la rac-
commoder et de nous en servir pour traverser le bras de mer
qui nous séparait de la terre ferme ; cette idée nous séduisit.
Nous cherchâmes donc, M. Desclau, le capitaine de la Couture
et moi, les moyens de nous rendre auprès de cette vieille
pirogue. Nous conjecturâmes que nous n'en étions qu'à quatre
ou cinq lieues, et effectivement nous ne nous trompions pas.
Les obstacles ne nous rebutèrent pas, et nous résolûmes de
tenter l'entreprise. Dès le même jour nous nous mîmes en marche, après avoir promis à madame de la Couture et à son fils
que nous reviendrions incessamment.

» Nous arrivâmes, après trois heures et demie de marche,
à l'extrémité de notre île. Nous n'avions pas trouvé de rivières
assez larges pour nous arrêter longtemps. Nous trouvâmes alors

une sorte de canal d'un quart de lieue, qui nous séparait de celle où nous dirigions nos pas : cette étendue d'eau nous causa quelque effroi. Nous nous assîmes pendant une heure pour nous reposer ; nous avions besoin de toutes nos forces pour réussir dans le trajet que nous allions entreprendre. Avant de rien risquer, nous adressâmes au ciel une fervente prière ; ce devoir rempli, nous nous jetâmes dans l'eau, en nous confiant à la Providence.

» Le terrain sur lequel nous étions était très inégal. Nous ne faisions pour ainsi dire que monter et descendre. Mais nous n'étions pas à cent pieds du rivage que nous perdîmes tout-à-coup le gué et nous plongeâmes malgré nous. Ce contre-temps nous étourdit ; il nous fit prendre la résolution de revenir sur nos pas. Cependant, en avançant peu à peu à la nage, nous retrouvâmes bientôt le fond, et nous reconnûmes que ce qui nous avait si fort effrayés était un trou dans lequel nous étions tombés. En effet, nous fîmes notre route sans accident, et ayant de l'eau au plus jusqu'au menton. Nous n'en pouvions plus lorsque nous arrivâmes à l'autre rive ; et comme aucun nuage ne cachait le soleil, ses rayons nous garantirent du froid et séchèrent nos habits et nos couvertures. Puis, dès que nous nous fûmes reposés, nous ramassâmes quelques coquillages qui réparèrent nos forces, et à quelque distance nous rencontrâmes une espèce de puits dans lequel nous trouvâmes de l'eau douce. Nous marchâmes ensuite vers la côte où devait être la pirogue. Nous ne tardâmes pas à la trouver. Nous l'examinâmes d'un œil avide et envieux : cette vue ne nous consola pas ; elle était dans l'état le plus pitoyable. Au premier aspect, il me sembla tout-à-fait impossible de la rendre jamais capable de quelque usage. M. Desclau et le capitaine de la Couture ne jugèrent pas comme moi. Aussi je me rendis à leur raisonnement. Nous nous mîmes donc sur-le-champ au travail. Nous ramassâmes des gaules et une certaine herbe qui croît au sommet des arbres, et que l'on nomme *barbe espagnole*. C'étaient les matériaux qui allaient nous servir pour radouber notre frêle embarcation. Ce soin nous occupa tout le reste du jour. Mais, avant le coucher du soleil, il nous fallut quitter notre ouvrage pour chercher nos aliments

» Enfin, le soleil venait de disparaître et un vent frais commençait à souffler, ce qui annonçait une nuit froide, lorsque je me rappelai que le sauvage Antonio, qui nous avait si cruellement trahis, avait changé la pierre de son fusil, le jour qu'il nous avait fait faire halte dans cette île. A cette pensée, je me lève avec une précipitation qui surprend mes compagnons. Je les quitte sans leur dire où je vais ; je cours vers le lieu où ce monstre de sauvage nous avait débarqués. Il n'était pas éloigné. J'y arrive, je reconnais la place où nous avions passé la nuit ; on y voyait encore des cendres du feu que nous avions allumé. Je cherche alors avec la plus grande attention le lieu où Antonio avait changé de pierre et jeté celle qui ne valait plus rien. Pendant un grand quart d'heure je fais des recherches inutiles. Déjà la nuit tombe ; je ne jouis plus que d'un faible crépuscule, qui éclaire à peine les objets. Hélas ! je ne trouve rien, et je renonçais à toute espérance, lorsque je sens sous mes pieds nus un corps dur. Je me baisse ; je porte une main tremblante sous mon pied, que je n'avais osé déranger de peur de perdre ce qu'il couvrait, et je saisis..... la bienheureuse pierre à fusil ! Transporté de joie, je cours à mes compagnons de misère.

» — Bonne nouvelle ! bonne nouvelle ! m'écriai-je de loin : je l'ai trouvée ! la voici ! je la tiens !

» Ils accourent à mes cris et m'en demandent la cause. Je leur montre la pierre, qu'ils ne peuvent plus voir, et je leur dis de ramasser du bois sec. En même temps, je tire mon couteau, le seul instrument en fer que nous possédions ; puis je déchire mes manchettes qui me servent d'amadou, et enfin je parviens à allumer un grand feu qui nous défend contre la fraîcheur de la nuit, et repose nos membres fatigués. Que cette nuit nous parut délicieuse en comparaison de celles qui l'avaient précédée.

» Inutile de vous dire, mes amis, avec quel soin je serrais la pierre précieuse qui devait désormais nous donner du feu. La crainte de la perdre me fit prendre les plus grandes précautions. Elle fut attachée à mon cou avec deux mouchoirs, et encore j'y portais souvent la main pour m'assurer que je ne l'avais pas perdue.

« Le second jour nous continuâmes à réparer la pirogue. Nous la cintrâmes avec une de nos couvertures, et nous mettions à fin notre ouvrage lorsque le jour touchait à son déclin. Nous passâmes une seconde nuit dans l'île, mais avec l'espérance d'en sortir bientôt. Le désir d'en faire l'épreuve nous éveilla de bonne heure. Nous n'eûmes rien de plus pressé que de mettre notre pirogue à l'eau. Mais tout ce que nous avions fait ne l'avait pas rendue meilleure : il était impossible de s'y exposer sans danger. Le capitaine de la Couture jugea encore qu'on la remettrait peut-être en état, en employant deux autres couvertures, et il tint à la conduire dans l'île où l'attendaient sa femme et son fils.

« Quant à M. Desclau et à moi, nous songeâmes à chercher les moyens de rejoindre l'île du sauvage, où étaient nos huit matelots, dans l'espérance d'y retrouver Antonio, et de le forcer à nous mener aux Apalaches ou à nous ôter la vie. Nous promîmes au capitaine de la Couture de ne pas l'abandonner si nous réussissions, et de lui envoyer de prompts secours ou de les rejoindre si nous ne venions pas à bout de notre dessein. Nous lui fîmes nos adieux et nous gagnâmes l'autre extrémité de l'île ; mais nous ne fîmes encore que nous fatiguer inutilement par ce voyage. Nous n'aperçûmes aucun passage qui fût possible et même prudent de tenter. Un canal d'une lieue nous retenait loin de l'île d'Antonio ; or, un pareil trajet n'était pas praticable pour deux hommes seuls qui n'avaient d'autre secours que celui qu'ils pourraient tirer de leurs bras et de leurs jambes.

« Nous revînmes donc sur nos pas. Le capitaine de la Couture n'était plus sur la côte où nous l'avions laissé. Dès lors, il nous fallut reprendre le chemin par lequel nous étions venus. Aussi n'arrivâmes-nous que le soir au bord du canal qui nous restait à traverser ; mais nous attendîmes au lendemain pour le traverser.

» Nous le repassâmes avec autant de bonheur que la première fois, et nous arrivâmes auprès de madame de la Couture. Son mari était depuis la veille à ses côtés, tout joyeux d'avoir réussi à revenir avec la pirogue. Mais le voyage avait déjà bien endommagé la pauvre barque. Le travail que nous y avions fait n'avait aucune solidité, et nous décidâmes de la réparer. En attendant, nous passâmes le reste du jour à nous reposer. Notre retour fut un bonheur pour madame de la Couture, car, privée de feu depuis longtemps, elle jouit beaucoup de celui que j'allumai avec ma précieuse pierre à fusil.

» Les huîtres et les racines avaient fait jusqu'à présent notre unique nourriture, et quelquefois nous n'en avions pas en quantité suffisante. La Providence nous en fournit ce jour-là d'une autre espèce. J'avais quitté mes compagnons pour me promener sur la côte et je m'en écartais beaucoup sans m'en apercevoir, lorsque je vis à terre un chevreuil mort. Je l'examinai, il était frais. Il avait été blessé et s'était sauvé à la nage jusque dans notre île, où la perte de son sang avait causé sa mort. Je le regardai comme un présent du ciel, et le chargeant sur mes épaules, je le rapportai auprès de mes compagnons. Nous nous préparâmes alors à faire le meilleur repas qui nous eût été donné depuis longtemps, et après un souper délicieux, nous passâmes une nuit paisible.

» Le jour suivant, qui était le 26 mars, je crois, le désir de sortir de notre île nous fit retourner vers notre pirogue. Nous fîmes usage de la même espèce de matériaux que nous avions déjà employés : nous employâmes trois jours à ce travail, auquel nous sacrifiâmes encore deux couvertures pour cintrer la barque. Lorsque l'ouvrage fut achevé, nous n'eûmes pas lieu d'en être plus contents. Cette misérable pirogue ne pouvait pas être un quart d'heure sur l'eau sans se remplir. Cet inconvénient nous désespérait, et nous n'y trouvions pas de remède. Et cependant nous n'avions pas d'autre bâtiment pour nous tirer de la maudite île qui nous emprisonnait. Empressés d'en sortir, nous fermâmes les yeux sur le danger. Nous n'avions que deux lieues à faire pour arriver à la terre ferme, mais il était impossible de nous embarquer tous; c'eût été vouloir submerger la pirogue rien qu'en y entrant. Nous nous déterminâmes alors à partir trois, le capitaine de la Couture, M. Desclau et moi; pendant que deux de nous rameraient, le troisième s'occuperait à vider l'eau. Nos chapeaux serviraient à cette besogne, et, de cette façon, nous diminuerions le danger.

» Cette résolution prise, nous en remîmes l'exécution au lendemain. Nous consacrâmes le reste du jour à faire consentir madame de la Couture à attendre, avec son fils et mon nègre, que nous pussions leur envoyer un bateau plus solide, ce qui ne nous serait pas difficile si nous atteignions la terre ferme. Je lui promis de lui laisser ma pierre à fusil et mon couteau, et j'avoue que ce ne fut pas sans regret que je me séparai de ces deux objets. Enfin, le 20 mars, au lever du soleil, nous entrâmes dans la pirogue. Elle était à flot, et nous sentîmes le plancher fléchir sous nos pieds. Le poids de nos trois corps la fit immédiatement enfoncer quelque peu et nous vîmes bientôt que l'eau la gagnait. Cet aspect m'ôta soudain toute espérance. Je ne voulus plus risquer le trajet et je sortis avec précipitation de la pirogue. Le capitaine de la Couture se moqua de ma peur: mes raisonnements et mes sollicitations ne purent le gagner. Il voulut tout risquer, et M. Desclau partit avec lui... Je restai sur le rivage à les regarder. Je les vis avancer avec peine, tourner une petite île qui était à une portée de fusil de la nôtre et qui bientôt les déroba à mes yeux... Jamais, depuis, je ne les ai revus.... Je ne doute pas qu'ils n'aient péri, et certainement leur naufrage ne se fit pas attendre longtemps. Sans l'île dont je parle, j'aurais peut-être vu leur pirogue s'enfoncer sous l'eau, et mes malheureux compagnons de voyage s'ensevelir avec elle dans les flots.

» Je revins donc auprès de madame de la Couture, qui ne s'attendait plus à me revoir. Elle n'avait pas voulu assister à notre embarquement. Je la trouvai assise auprès du feu, le dos tourné au rivage et pleurant amèrement. Ma présence la ranima.

» Je ne jugeai pas à propos de lui donner de plus vives inquiétudes en lui racontant les craintes que je concevais pour

nos voyageurs, et je prétendis que c'était par intérêt pour elle
que j'étais resté. Elle me remercia avec la plus vive reconnaissance, et ma présence sembla la consoler, en même temps que
la rassurer sur l'avenir.

» Nous n'étions plus que quatre dans notre île mais je devais songer à la conservation et à la subsistance de tous. Madame de la Couture et son fils étaient trop faibles pour m'être
d'aucun secours. Mon nègre seul m'était utile. Mais ce n'était
encore qu'une espèce de machine organisée, qui n'avait que des
bras et des jambes à employer à notre service. Il manquait de
jugement et de prévoyance, et ne me servait à quelque chose
que dans les occasions où ses forces devenaient nécessaires.

» Pendant quelques jours que nous passâmes encore dans
cette île, les vents de l'est et du sud-est soufflèrent longtemps et
nous nuisirent beaucoup en nous empêchant de trouver des
provisions. Nous fûmes obligés de nous réduire à la vinette,
nourriture très médiocre qui affaiblissait notre estomac, sans
le rassasier. Le chevreuil que j'avais trouvé avait été bientôt
dévoré, et le hasard qui me l'avait procuré ne renaissait plus.
Nos peines augmentaient à chaque instant.

» Six jours s'étaient écoulés depuis le départ de M. de la Couture et de M. Desclau. Madame de la Couture me semblait ne
plus compter sur leur retour

» Alors, las de ma situation douloureuse, reconnaissant avec
amertume que je ne devais attendre que de moi les moyens de
la changer, j'imaginai de faire un radeau sur lequel nous pussions nous embarquer. Je saisis vivement cette idée, et je
regrettai de ne pas l'avoir eue avant le départ de mes deux
compagnons; ils m'auraient secondé dans ce travail plus utile
et plus sûr que celui que nous avions fait à cette malheureuse
pirogue. Je résolus donc de ne pas différer l'exécution de ce
nouveau dessein, tandis qu'il me restait encore assez de forces
pour l'entreprendre. J'en fis part à madame de la Couture, qui
l'adopta avidement, et qui, surmontant la faiblesse naturelle
à son sexe, mit elle-même la main à l'œuvre. Nous nous en occupâmes tous les quatre. Je chargeai le jeune homme de dé-

pouiller quelques arbres de leur écorce, en lui indiquant ceux
qui pouvaient nous être le plus utiles. Puis, nous nous mîmes,
sa mère, mon nègre et moi, à rassembler les plus grosses pièces
de bois sec que nous pûmes trouver. Il y en avait de consi-dé-
rables que nous avions de la peine à remuer et que nous roulâ-
mes tous les trois avec effort sur le rivage. Ce soin nous retint
un jour tout entier, à cause de notre faiblesse. A chaque instant
nous étions obligés de nous reposer. Après avoir repris haleine
pendant quelques moments, nous recommencions à travailler
avec une constance que soutenait seul le désir de sortir du lieu
de notre exil.

» Nous étions tous excessivement fatigués lorsque la nuit nous
força d'interrompre notre besogne. Nous trouvâmes heureusement auprès de notre feu une grande quantité d'huîtres, de pa-
lourdes, de lombics et d'autres coquillages que le fils de madame
de la Couture avait recueillis sur le bord de la mer. Nous imaginâmes de les faire griller sur les charbons : c'était la première
fois que cette idée nous était venue, et nous nous en applau-
dîmes. Ces sortes de poissons perdirent par la cuisson toutes
leurs mauvaises qualités, ils devinrent plus légers et plus nour-
rissants.

» Le lendemain, nous reprîmes notre ouvrage de la veille. Les
écorces des arbres me servirent à attacher nos pièces de bois
les unes aux autres. Ce lien ne me paraissant pas suffisant,
j'occupai madame de la Couture à couper une de nos couvertures par bandes qui me servirent à faire un lien plus solide.
Mon nègre, pendant ce temps, roula auprès de moi quelques
autres pièces de bois moins pesantes, que je joignis à celles
qui étaient déjà assemblées. Mon radeau fut terminé à midi.
Je pris un morceau de bois que j'assujétis de mon mieux au milieu de l'embarcation, pour servir de mât. J'y attachai une couverture entière, qui devait nous tenir lieu de voile. Nous défî-
mes ensuite une partie de nos bas, dont le fil fut employé à faire
des cordages pour les haubans, les bras et les écoutes. Ces
différentes choses nous employèrent le reste de la journée ;
mais enfin nous les achevâmes. Je me munis d'une dernière

pièce de bois de moyenne grosseur, dont je me proposais de
me servir comme d'un gouvernail. Résolus de partir le lendemain de grand matin, nous commençâmes tout de suite à faire
provision d'huîtres et de racines. Nous fûmes assez heureux
pour en trouver une quantité prodigieuse, que nous chargeâmes sur notre radeau. Il était amarré avec soin dans le sable.
La marée montante devait le mettre à flot · elle commençait
ordinairement à se retirer au point du jour, et nous comp-
tions en profiter pour partir. En attendant ce moment, nous
nous reposâmes auprès du feu, sans pouvoir goûter quelque
peu de sommeil, car il survint un affreux orage, et la pluie, la
clarté des éclairs et le retentissement de la foudre nous eurent
bientôt réveillés. La mer s'enfla prodigieusement et s'agitait
avec une fureur inouïe. Nous tremblâmes pour le radeau qui
nous avait donné tant de peine. Hélas! nous ne pûmes nous
en servir! Les vagues le détachèrent et l'entraînèrent, après
l'avoir mis en pièces ; ce temps affreux dura toute la nuit, il ne
cessa qu'au retour du soleil.

« Nous étions accourus sur le rivage pour voir si notre machine aurait résisté à la tempête : nous ne la vîmes plus Aussi
le courage nous abandonna. Nous passâmes tout le jour a nous
désoler, sans songer à rien entreprendre de nouveau.

» Un autre fléau vint encore nous accabler. Mon nègre avait
couru la côte pour chercher quelques coquillages. Il trouva la
tête et la peau d'un marsouin qu'il nous apporta. Le tout nou
parut fort corrompu. Mais le besoin écarte la délicatesse; et no
tre estomac demandait cette nourriture dont la vue était si dé-
goûtante. Nous la mangeâmes tout entière. Une heure après
nous sentîmes un malaise insupportable ; notre estomac ne
pouvait se débarrasser de cet horrible aliment. Nous eûmes
recours à l'eau, dont heureusement nous ne manquions pas.
Nous en bûmes beaucoup. Elle nous soulagea difficilement, et
il en résulta une cruelle dyssenterie.

» L'idée de construire un autre radeau m'était venue lorsque
j'avais vu le premier emporté : mais la lassitude me força de
renoncer à l'entreprendre sur-le-champ, et je ne fus pas en état

de le faire tant que dura notre maladie. Elle finit enfin, non
sans nous laisser une faiblesse extraordinaire. La crainte de la
voir augmenter me détermina à m'occuper sur-le-champ de la
construction d'un autre radeau; il ne fallait pas attendre que
l'épuisement total de mes forces me mît dans la nécessité de
renoncer pour toujours à ce projet. J'exhortai madame de la
Couture à me seconder encore ; elle fit comme moi un effort sur
elle-même, et nous nous mîmes tous à l'ouvrage, à l'exception
de son fils, qui était très mal.

« Nous étions alors au 11 avril ou environ. Nous travaillâmes
sans relâche et avec autant de promptitude que notre extrême
faiblesse le permit. Nous n'eûmes entièrement achevé que le 15
au soir. Les pièces de bois que nous employâmes nous donnèrent beaucoup de peine à rouler, et il fallait en aller chercher au loin. Enfin il arriva à terme. Nous sacrifiâmes à ce
nouvel esquif le reste de nos couvertures et de nos bas. Mais
que le moindre nuage dans le ciel nous mettait en angoisses !

« Ces terreurs redoublèrent dans la nuit du 15 au 16. Nous
ne dormîmes point ; nous la passâmes à ramasser des provisions. Le jour vint, et, grâce à Dieu ! il promettait un temps
favorable. J'allai réveiller le jeune de la Couture pour nous
embarquer ; il était le seul que la fatigue eût contraint au repos. Je l'appelle ; il ne me répond pas : je m'approche de lui
pour le réveiller ; je le trouve froid comme un marbre, je le
crus mort pendant quelques minutes. Mais en mettant la main
sur son cœur, je sentis qu'il battait encore. Notre feu était
presque éteint ; j'appelai mon nègre pour le ranimer, tandis que
je cherchais à réchauffer ce malheureux jeune homme en lui
frictionnant les bras, les mains et les jambes. Sa mère, qui
était éloignée, arrive alors. Qui pourrait peindre sa douleur à
la vue de son fils expirant? Elle tomba à côté de lui dans un
évanouissement profond. Je leur partageai mes soins. Tous deux
me semblaient dans un état aussi pitoyable l'un que l'autre.
Cependant le nègre avait rallumé du feu; je lui recommandai
de soutenir le jeune homme et de le réchauffer par degrés.
A force de mouvement je fis revenir la mère à elle-même : le

fils, à son tour, reprit connaissance; mais il ne fallait plus
songer à les embarquer ce jour-là. Je courus donc décharger
le radeau des provisions, et mon cœur saigna à la vue de cet
ouvrage qui allait encore devenir inutile. J'en détachai le mât,
les cordages et tout ce que je ne pouvais plus espérer de recouvrer, si je venais à le perdre. Je pris surtout la couverture,
que je portai à nos malades. Je passai alors la journée à leur
donner des soulagements, heureux s'ils pouvaient contribuer
à les rétablir et à lever les obstacles qui s'opposaient à notre
départ.

» La douleur de madame de la Couture, et ses inquiétudes
sur son fils, étaient la seule cause de son mal. Je parvins à
les dissiper en partie, en lui inspirant du courage. Je croyais
qu'il était important de la préparer ainsi par degrés au coup
qui devait la frapper, car son fils était dans la position la plus
désespérée. Il avait toute sa connaissance, mais sa faiblesse
était si grande que ses membres ne pouvaient soutenir le poids
de son corps. Je veillai sans cesse auprès de lui pendant la
nuit; lui-même ne ferma pas l'œil. Il se trouva très mal vers
le point du jour et il n'y avait pas de minutes où je ne m'atten-
disse à le voir passer. Mais j'avais eu la précaution de tenir
sa mère à distance de lui, afin qu'elle ne le vît pas expirer:
je voulais lui dérober au moins ce triste spectacle. Quant au
malade, il fit effort sur lui-même pour me dire qu'il sentait
qu'il allait mourir et pour me conjurer, dans l'intérêt de sa
mère, de l'abandonner, lui, le pauvre jeune homme. Il me demandait seulement de lui laisser quelques provisions à sa portée, et de revenir ensuite le chercher, une fois que nous aurions atteint la terre ferme et mis sa mère à l'abri...

» Je demeurai confondu de l'énergie des volontés de ce pauvre enfant, et je songeais en frémissant que c'était fait de nous
tous, si je balançais à entreprendre un voyage qu'il semblait
désirer. Toutefois, l'idée de le laisser me désespérait. Bref, je
réfléchis que notre traversée serait courte, que j'arriverais
promptement dans un lieu habité, où je pourrais prendre un
bateau et des hommes pour venir le chercher et le transporter

auprès de sa mère; je ne voulus pas, en attendant, m'éloigner de lui ce jour même: aussi, le soir venu, le jeune de la Couture me fit des reproches de mes délais.

« Enfin la nécessité me détermina. je pris la couverture dont le malade était enveloppé, et je lui donnai à la place une redingote que je portais par-dessus mon habit; je me dépouillai en outre de ma veste, que je lui laissai; j'allai redresser le mât de mon radeau, j'y attachai la couverture; mon nègre y porta de nouvelles provisions; nous en donnâmes une large part au malade, près duquel nous les plaçâmes, et comme le printemps était venu, et que les nuits n'étaient plus fraîches, nous laissâmes s'éteindre le feu.

« Je me reposai alors quelques heures en attendant celle du départ. Mais je ne dormis pas. Je m'entretins longtemps avec le malade, qui faisait de continuels efforts sur lui-même pour me consoler de son abandon et me recommander sa mère. Une heure avant le jour, il perdit de nouveau connaissance. Dès cet instant, je le regardai comme un homme mort et je vis dans cette fin un bonheur pour lui. Le jour vint, il respirait encore, mais ne parlait plus. Au moment où je crus qu'il rendait le dernier soupir, j'entraînai sa mère, et, aidé de mon nègre, je la transportai sur le radeau, nonobstant ses larmes et ses cris:

« — Je n'ai déjà plus d'époux, et mon fils meurt!.....

« En un instant nous gagnâmes le large. Nous partions le 19 avril, si je ne me trompe. Nous voguâmes vers la terre ferme sans éprouver le moindre accident, si ce n'est beaucoup de fatigue. Notre navigation dura douze heures, au bout desquelles nous prîmes terre. Nous abandonnâmes notre radeau et nous n'emportâmes que nos provisions, notre couverture et les cordages faits de nos bas. Nous nous avançâmes dans le pays, que nous trouvâmes impraticable et presque partout inondé. Cet inconvénient nous affligea. Mais comme le soleil allait se coucher, la lassitude que nous éprouvions et la crainte de nous égarer nous firent songer à chercher un endroit où nous pussions passer la nuit. Nous choisîmes un tertre que

son élévation mettait à l'abri de l'humidité. Trois gros arbres,
qui étaient à peu de distance les uns des autres et dont les
branches épaisses se joignaient, nous servirent de couvert. Je
tirai ma pierre à fusil que je n'avais pas oubliée, et j'allumai
un grand feu, auprès duquel nous soupâmes de nos provisions.

» Nous nous attendions à reposer tranquillement, et nous en
avions un véritable besoin. Mais à peine nos yeux furent-ils
fermés que nous entendîmes des hurlements affreux qui nous
réveillèrent et portèrent l'effroi dans nos âmes. C'étaient des
cris de bêtes féroces. Nous les entendions de tous les côtés à la
fois; elles semblaient se répondre et nous environner.... Nous
nous levâmes de terreur. Mon nègre ne put résister à sa peur.
Il courut à l'un des arbres sous lesquels nous étions, et s'élan-
çant avec une rapidité inconcevable, il y grimpa sur-le-champ
et courut se cacher au sommet. Madame de la Couture l'avait
suivi; elle le conjurait de l'aider à gagner cet asile. En vain
je l'appelais et lui disais de ne pas s'éloigner du feu, dont les
bêtes féroces ne s'approchent jamais, elle ne m'écoutait pas;
elle continuait à pleurer, à supplier le nègre : mais sa propre
frayeur empêchait celui-ci de lui répondre. Dans un instant de
folle terreur, elle s'écria :

» — Au secours! à moi, Monsieur, à moi !

» Je saisis alors un gros tison enflammé, et je me dirigeai
de son côté. Je la vis accourant de toutes ses forces, poursuivie
par un ours d'une taille énorme, qui, à ma vue, s'arrêta. J'a-
voue que la présence de cet affreux animal me fit frémir. Je
m'avançai néanmoins, en lui présentant mon tison. En même
temps, je rejoignis madame de la Couture, que je ramenai au
brasier, où l'ours ne nous suivit pas.

» L'arbre sur lequel était monté le nègre était à quelques
pas de nous. Sa frayeur ne lui avait pas permis de choisir; il
n'avait pas remarqué qu'il y en avait un beaucoup plus proche.
Je l'entendis bientôt pousser à son tour un cri épouvantable. Je
regardai, le feu qui flambait me permit de voir l'ours qui se
dressait contre l'arbre sur lequel s'était réfugié l'Africain, et
qui se disposait à y monter. Je ne savais comment m'y prendre

pour le secourir : je lui criai de gravir au plus haut de l'arbre et de se placer sur les branches les plus flexibles, afin que l'ours ne pût l'y suivre. Je m'avisai en même temps de lancer auprès de cet arbre de gros tisons enflammés qui sans doute effrayèrent le terrible animal, car il s'éloigna sur-le-champ.

» Il ne fallut pas songer à dormir de toute cette nuit : c'était chose impossible. Plusieurs ours s'approchèrent encore de nous, et nous pouvions les voir et les entendre : mais grâce à nos brandons allumés, je trouvai toujours moyen de nous tenir à l'abri de leurs attaques. Afin de nous débarrasser de leur approche, de tout le bois que nous avions à notre disposition nous fîmes un rempart de feu qui les tint constamment à distance.

» Enfin ces hurlements et ces visites de bêtes fauves diminuèrent à l'aube et cessèrent quand le jour parut. Je rassemblai tout le bois en un seul foyer et j'appelai le nègre, que j'eus bien de la peine à faire descendre de son arbre. Après la fatigue et l'effroi de la nuit, nous sommeillâmes jusque vers midi : après quoi nous achevâmes nos provisions. Enfin nous partîmes, marchant vers l'est, dans l'intention de nous rendre à Saint-Marc des Apalaches, espérant trouver quelques naturels qui nous porteraient secours.

» Nos forces ne nous permirent pas de faire beaucoup de chemin. Notre journée se borna à une route d'une heure et demie peut-être. Nous fîmes halte avant l'entier épuisement de nos forces. Encore pleins d'effroi de la veille, nous voulions avoir le temps de faire un grand amas de bois. Nous en entassâmes autant que possible. Après avoir ainsi préparé notre bûcher, sans y mettre le feu, j'en disposai douze autres à l'entour, à vingt pas de distance et dans un égal éloignement. Nous devions être ainsi entourés de feux de tous côtés. Nous cherchâmes ensuite de quoi contenter notre faim ; mais le terrain sur lequel nous étions était fort stérile : nous n'y découvrions ni coquillages ni racines bonnes à manger : notre seule ressource fut de l'eau bourbeuse, mais douce, dont nous bûmes beaucoup. Ce fut là toute notre nourriture ce jour-là. Alors la nuit

vint et j'allumai tous nos bûchers. Nous nous couchâmes aussitôt afin de goûter quelques heures de sommeil, avant l'arrivée
des bêtes fauves. Elles ne nous interrompirent qu'à minuit.
Mais aussi quel vacarme ! Madame de la Couture et mon nègre
furent bientôt dans un horrible état. Je les vis cent fois prêts
à s'évanouir. Malgré ma propre terreur, je leur parlai à chaque
instant pour les rassurer.

» Le jour mit fin à nos angoisses, qui avaient suspendu le sentiment de la faim. Nous l'éprouvâmes bientôt dans sa plus
grande violence. Nous essayâmes, pour la satisfaire, de tout ce
qui se présentait à nos yeux; nous mangeâmes même de la
terre, mais il fallait la rejeter au plus vite. Nous marchions
dans l'espérance de rencontrer quelque chose ; nous goûtions
à chaque pas de toutes les plantes; hélas ! chaque essai que
nous faisions augmentait notre désespoir. Nous fûmes obligés
de nous arrêter, hors d'état d'aller plus avant. Un instant ranimé par la fureur du besoin, le nègre se lève et court à un
arbre dont les branches étaient peu élevées ; il en arrache les
feuilles et les dévore. Nous suivons son exemple; mais ce mets
détestable charge notre estomac sans le rassasier, et en peu
d'instants ces feuilles causent d'affreux ravages dans nos esto-
macs. Nous recourûmes à l'eau ; il sembla aussitôt que ces
feuilles étaient des éponges ; nous nous sentîmes gonflés comme
des outres. Enfin un horrible vomissement, accompagné de
cruelles convulsions, nous débarrassa peu à peu de notre
souffrance.

» Ce qu'il y avait de terrible dans cette situation critique,
c'est que la nuit était venue, et nous n'avions pas la force de
ramasser du bois pour faire nos bûchers. Je me mis à l'œuvre
pourtant, et quand nous fûmes entourés de fascines, j'eus toutes
les peines du monde à tirer quelques étincelles de ma pierre. Cependant, avec du linge de madame de la Couture, nous eûmes
enfin du feu. Il était temps. Les cris des animaux se firent
bientôt entendre dans le lointain, puis assez près de nous, et
à la fin à quelques pas de nos foyers..... Néanmoins, sur la fin
de la nuit, nous nous endormîmes, par suite d'épuisement.

» Alors la faim se fit sentir, plus vive que jamais. L'espoir de la soulager nous fit continuer notre marche jusqu'après midi. Nos regards erraient autour de nous, et s'élançaient dans le plus grand éloignement sans rien découvrir. Nous étions sur une hauteur d'où nous apercevions de tous côtés un horizon immense; à droite, la mer; à gauche, un bois qui s'étendait à perte de vue; et, devant nous, l'espace que nous avions à parcourir, c'est-à-dire une plaine aride et déserte, où l'œil n'apercevait que des traces de bêtes féroces et rien qui pût nous nourrir. Cette perspective nous jeta dans le désespoir le plus amer.

» Nous dirigeâmes nos pas vers la forêt. Elle n'était pas éloignée. Son épaisseur nous fit trembler. Les arbres étaient tellement pressés les uns contre les autres qu'on ne pouvait passer entre eux que dans certains endroits. Le chemin qu'on eût voulu y tenir y finissait après quelques pas. Aucun de ces arbres n'offrait quoi que ce soit pour notre subsistance. Je me jetai à terre, et madame de la Couture se mit à côté de moi. Mon nègre s'étendit à nos pieds, à quelque distance. Nous répand-ons des larmes, en évitant de nous regarder. Nous observions un silence farouche et nous demeurions ensevelis dans des réflexions sinistres. Les plus noires idées m'agitaient. Il me vint à l'esprit le souvenir de quelques voyageurs qui, éloignés de leur route par la tempête, retenus dans des mers inconnues par des vents contraires, surpris quelquefois par des calmes, avaient vu s'épuiser leurs provisions, sans pouvoir les renouveler. Je songeais qu'après avoir souffert la faim jusqu'à la dernière extrémité, ces infortunés n'avaient pas eu d'autres ressources que de sacrifier l'un d'eux pour le salut de tous...

» Voyez à quels excès le désespoir et la faim peuvent nous porter !

» Ces malheureuses réflexions firent que... mes yeux égarés tombèrent sur mon nègre..... Ils s'y arrêtèrent avec une sorte de convoitise.....

» — Il se meurt ! pensais-je avec une sombre fureur. Une

mort prompte serait un bienfait pour lui. A quoi bon le laisser
succomber lentement ?

» Cette horrible idée... ne révolta pas mon imagination.

» — Si je le tuais ? ajoutai-je mentalement.

» Hélas ! ma raison était aliénée. Elle éprouvait la faiblesse
de mon corps. La faim me pressait, je souffrais d'imaginables
déchirements d'entrailles : le désir de les apaiser me dominait
tout entier...

» — Après tout, il est à moi ! murmurai-je, comme pour
justifier mon crime à mes yeux et calmer ma conscience par
des sophismes...

» Madame de la Couture, sans doute agitée par les mêmes
pensées, ayant recueilli mes derniers mots, les comprit, et,
comme elle m'appela d'une voix faible, je jetai les yeux sur
elle. Aussitôt elle porta les siens sur mon nègre, et, me le montrant de la main, elle les rejeta sur moi d'une façon si expres-
sive, d'une manière si terrible, que je la compris à mon tour....
Or, il semblait que ma fureur attendait le moment où elle
serait avouée par un conseil. Aussi, je n'hésitai plus.

» Je me lève donc précipitamment, et saisissant un bâton
noueux dont je me servais pour m'appuyer dans nos marches,
je m'approche du pauvre nègre assoupi, et je lui décharge un
coup d'une extrême violence sur la tête.

» Réveillé, étourdi en même temps, l'infortuné se soulève à
demi, en faisant entendre un sourd gémissement.

» A cette vue, ma main n'ose pas redoubler les coups ; mon
cœur frémit.....

» Cependant mon nègre se met à genoux avec effort, il a
compris, trop compris ce qui lui arrive.... Aussi, joint-il les
mains, et me regardant avec tendresse, mais d'un œil troublé,
il balbutie d'une voix lamentable, avec l'accent de la douleur :

» — Que fais-tu, maître ?..... Qu'ai-je fait à toi ?.... Grâce !
grâce !

» Je ne pus résister à mon attendrissement ; mes larmes cou-
lèrent... mais un cri, un cri lugubre, et un nouveau regard de
la femme qui m'accompagnait, étouffèrent en moi la voix de

la raison et me rendirent toute ma fureur. Égaré, hors de moi,
en proie à un transport inouï, je me jette sur mon malheureux
esclave, je le roule à terre, je pousse moi-même des cris pour
m'étourdir et pour étouffer les siens; puis je lui lie les mains
derrière le dos. Enfin j'appelle ma compagne qui…. vient m'aider dans cette atroce opération. Elle appuie un genou sur la tête
de l'infortuné, tandis que moi, je tire mon couteau, et je l'en-
fonce de toutes mes forces dans la gorge de la victime, où je
fais une ouverture très large, qui le prive sur-le-champ de la
vie……

» Il y avait un arbre renversé auprès de nous : j'y traîne le
nègre et je l'y place en travers pour faciliter l'écoulement de
son sang. Madame de la Couture me prête encore la main dans
cette circonstance. Mais ce drame épouvantable épuise nos
forces et notre fureur; nos yeux se détournent avec effroi de
ce corps sanglant, qui vivait un moment auparavant… Nous
frémissons de ce que nous venons de faire… Nous courons
rapidement à une source voisine pour y laver nos mains, que
nous ne regardons plus qu'avec horreur; et enfin nous tombons
à genoux pour demander pardon au ciel de l'acte de férocité
que nous venons de commettre… Nous le prions aussi en faveur de la malheureuse victime que nous avons sous les yeux…

» Après cette prière, nous nous levons et nous allumons un
grand feu… car il s'agit de consommer notre action barbare…
Oserai-je entrer dans ces détails ? Ils me révoltent au seul souvenir…

» Aussitôt que notre feu brûle, je vais couper la tête du
nègre ; je la fixe au bout d'un bâton et je la place devant le
brasier : j'ai soin de la retourner souvent pour la faire cuire
également. Notre faim ne nous permet pas d'attendre que cette
cuisson soit entière : nous la dévorons en peu de temps, et,
après nous être rassasiés, nous nous arrangeons pour passer la
nuit dans ce lieu et pour nous y mettre à l'abri des bêtes féroces. Nous nous attendions que leur approche nous empêcherait
de dormir, et nous ne nous trompâmes pas. Alors nous passons
la nuit à dépecer par morceaux la chair du pauvre nègre, à la

faer griller sur des charbons et à la passer à la fumée pour la
rendre propre à se conserver. Ce que la faim nous avait fait
souffrir nous faisait craindre d'y être exposés encore, et nous
ne pouvions l'éviter qu'en nous assurant des provisions qui
pussent durer longtemps. Nous restâmes donc encore le lendemain et la nuit suivante dans cet endroit maudit, pour achever cette œuvre. Pendant ce temps nous fûmes très économes
de nos aliments et nous ne mangeâmes que ce qui était difficile à conserver. Nous fîmes plusieurs paquets du reste, dans
des lambeaux de nos habits, et nous les attachâmes sur nous
avec des cordages de notre radeau.

» Le 24 avril, ou environ, nous nous remîmes en route. Le
séjour que nous avions fait nous avait reposés, et la..... nourriture que nous avions prise nous avait rendu des forces. Sûrs de
ne pas en manquer, de quelque temps au moins, nous ne crai-
gnîmes pas de nous engager au milieu du désert qui nous avait
paru si terrible le jour où nous avions donné la mort au nègre.
Notre voyage se fit avec lenteur. Nous ne nous remîmes pas
en marche sans regretter le compagnon qui nous suivait auparavant et dont nous portions les tristes restes avec nous. Nous
suivîmes ainsi, pendant plusieurs jours, les bords de la forêt, à
travers des joncs et au milieu des ronces, d'épines et d'autres
plantes non moins dangereuses, qui nous mettaient les pieds
et les jambes en sang. Cette incommodité ne laissa pas de nous
retarder souvent. En outre, les piqûres des moustiques, des maringouins et d'autres insectes des côtes ajoutèrent bientôt à ces
nouvelles souffrances. Notre visage, nos mains, nos jambes en-
flèrent prodigieusement. Pour les éviter, nous nous rendîmes
sur le rivage de la mer, résolus de le suivre désormais dans
l'espérance d'y faire quelquefois d'heureuses découvertes qui,
nous procurant quelques vivres, ménageraient ceux que nous
portions. Nous ne fûmes pas trompés dans notre attente. Lorsque la mer était basse et que le temps était beau, nous rencontrions quelquefois, sur le sable, de petits coquillages et de
petits poissons plats, que nous prenions à l'aide d'un bâton
pointu par un bout avec lequel nous les percions ; mais nous

n'en trouvions jamais suffisamment pour nous rassasier. Cependant nous recevions ce bienfait de la Providence avec des cœurs reconnaissants.

» Un soir, comme nous faisions notre halte ordinaire, je me sentis si faible qu'à peine eus-je la force de ramasser le bois nécessaire pour notre feu : mais il me fut impossible de préparer les bûchers autour de notre asile. Mes jambes prodigieusement enflées ne me permettaient pas de me soutenir. J'imaginai de suppléer à ces bûchers, en mettant le feu aux joncs et aux bruyères. Le vent qu'il faisait ne pouvait manquer de l'étendre. Cela suffisait pour écarter les bêtes féroces. Il devait en résulter un autre avantage pour notre voyage : c'est qu'il dépouillerait notre chemin de ces joncs incommodes, et que nous pourrions marcher plus facilement sur le rivage. Effectivement, le lendemain, le feu avait aplani notre route. Je regrettai de ne m'être pas plus tôt servi de cet expédient, qui nous aurait préservé des blessures que nous avions aux jambes.

» Nous trouvâmes aussi sur notre route quelques provisions qui nous furent très agréables. C'étaient deux serpents à sonnettes ; l'un en avait quatorze, et l'autre vingt-et-une, ce qui fait connaître facilement leur âge, puisqu'il leur croît une sonnette à la fin de chaque année. Ils étaient très gros. Le feu les avait surpris pendant leur sommeil et les avait étouffés. Ces animaux nous fournirent des aliments frais pour toute cette journée et la suivante. Nous séchâmes aussi une partie de leur chair pour la conserver, et nous la joignîmes à nos provisions.

» Ensuite, un matin, j'aperçus dans une mare d'eau un caïman endormi. La vue de cet affreux crocodile d'Amérique ne m'inspira aucune terreur, quoique je susse combien il est dangereux. La seule idée qui se présenta à mon imagination fut que, si je pouvais le tuer, ce serait un supplément considérable à nos aliments. J'hésitai un moment à l'attaquer, mais ce n'est pas la crainte qui m'arrêta : ce fut l'incertitude de la manière dont je devais m'y prendre. Je m'avançai avec mon bâton, qui était d'un bois dur et pesant. Je lui en déchargeai précipitamment trois coups sur la tête, avec une telle vigueur que je l'étourdis de manière à ne pouvoir se jeter sur moi, ni prendre la fuite. Il ouvrit seulement une gueule affreuse, dans laquelle j'enfonçai promptement le bout de mon bâton, qui formait une pointe assez aiguë : je trouvai la gorge, que je traversai, et, baissant aussitôt l'extrémité de mon arme sur la terre, je l'y tins comme cloué. J'employai toutes mes forces pour le retenir ; j'appelai madame de la Couture à mon aide, mais elle n'osa pas s'approcher. Elle alla seulement me chercher un morceau de bois de trois ou quatre pieds de long et me l'apporta. Je m'en servis pour achever d'étourdir l'animal, en le frappant d'une main et en tenant mon bâton de l'autre. Quand enfin le monstre fut tué, nous le dépeçâmes, et sa chair nous procura un aliment qui réconforta notre estomac. Nos forces revinrent assez pour nous permettre de continuer notre route.

» En effet, nous marchions plus hardiment le lendemain, lorsque je m'aperçus que j'avais perdu ma pierre à fusil, ce talisman si précieux à nos heures de détresse ! Je résolus donc de retourner sur nos pas pour la chercher.

» Nous avions fait heureusement peu de chemin et la nuit était encore éloignée. Je repris donc le chemin déjà fait, dans le dessein d'être de retour avant les ténèbres. Il fallut poursuivre jusqu'au lieu où nous nous étions reposés la veille. Je mis trop de temps, hélas ! la nuit paraissait déjà lorsque j'arrivai. Je ne distinguais déjà plus les objets. Je cherchai partout où je remarquai des traces de nos pas. Soins inutiles ! Je ne découvris rien. Je me couchais sur la terre, je passais mes mains partout ; elles suppléaient à mes yeux, dont l'obscurité ne me permettait pas de faire usage. Las de me fatiguer la vue, je courus au feu que j'avais allumé la nuit précédente, pour voir si j'y trouverais encore quelque charbon qui me mît en état de le renouveler et de m'éclairer ensuite dans mes perquisitions. Il était absolument éteint ; je n'y vis plus que des cendres, et pas la moindre étincelle. Accablé de ce nouveau contre-temps, je restai couché, livré à la douleur la plus profonde, incapable de rejoindre madame de la Couture de cette nuit, et ne songeant pas même à l'entreprendre. L'idée de repartir

sans ma pierre me désolait cependant. Je résolus donc d'attendre le jour pour la chercher de nouveau, espérant de réussir enfin à la trouver. J'allai me jeter sur le tas de fougères,
de feuilles et de plantes qui nous avaient servi de lit. Je pensai que c'était peut-être dans cet endroit que j'avais fait ma
perte. Je passai mes mains à plusieurs reprises sur tous les
points de la surface de ce lit ; elles ne sentirent rien sous elle.
Je dérangeai cet amas d'herbages, poignées par poignées ; il n'y
en eut pas une qui ne me passât par les mains. Je les mettais
dans un autre endroit après les avoir examinées ; je demeurai
la plus grande partie de la nuit dans cette occupation. Je dés-
espérais déjà de retrouver ce trésor ; toutes ces plantes avaient
changé de place Alors j'étends mes mains sur le terrain nu
qui en était auparavant couvert, et..... elles s'arrêtèrent enfin
sur l'objet de mes recherches. Oui, je saisis ma pierre, et je la
pris avec une joie égale au regret que m'avait causé sa perte.
Je la serrai soigneusement, et je pris toutes sortes de précautions pour n'en être plus privé à l'avenir.

« Pendant que j'étais occupé de cette recherche, je ne me
trouvais pas sans inquiétude au sujet des bêtes féroces. Leurs
hurlements s'étaient fait entendre, mais dans un grand éloignement. Je frémis plusieurs fois, et pour moi et pour ma malheureuse compagne, qui se trouvait seule. Je songeai alors à
me rendre auprès d'elle pour la rassurer, s'il m'était possible.
Je me mis donc en route bien inquiet et souvent prêt à m'arrêter et à faire du feu pour me rassurer. Néanmoins j'eus le
courage de poursuivre mon chemin, la crainte me donnait
des ailes, et, malgré ma faiblesse, j'arrivai encore auprès de
madame de la Couture environ deux heures avant le jour. Je
faillis à la manquer et à m'écarter beaucoup de l'endroit où je
l'avais laissée. L'obscurité, la peur m'empêchaient de reconnaître ce lieu. Un gémissement que j'entendis par hasard, et
qui me fit peur, m'avertit à temps que je passais auprès d'elle
sans m'en apercevoir. Elle avait entendu le bruit de mes pas,
et, dans son effroi, elle avait imaginé que c'était une bête
fauve qui venait à elle. C'est ce qui lui avait fait pousser ce

gémissement. Je l'appelai à haute voix. Elle me répondit d'une
voix presque éteinte.

« Aussitôt je ramassai quelques morceaux de bois sec; je
tirai du feu de ma pierre; un lambeau de ma chemise qui était
tout-à-fait usée et presque réduite en charpie, le reçut, et nous
eûmes bientôt un grand feu, auquel nous fîmes cuire une partie
d'une tortue que j'avais trouvée, et dont la chair était fort
tendre et très succulente. Nous nous endormîmes ensuite, et
le repos, dont nous avions besoin, dura cinq heures et nous
rendit nos forces.

» A notre réveil, nous consultâmes entre nous si nous con-
tinuerions notre route. En regardant une rivière qui nous barra
le passage et dont le cours était assez droit, nous désespérâ-
mes de trouver de longtemps un gué pour la traverser. Alors
nous nous déterminâmes à risquer le passage au lieu même où
nous étions. Pour cela, j'imaginai de construire un radeau. Six
arbres effeuillés par le temps, que l'eau avait entraînés et qui
s'étaient arrêtés sur le bord, auprès d'un autre arbre que le
vent avait couché sur l'eau, et dont les racines tenaient encore fortement à la terre, me parurent des matériaux solides et
faciles à employer. J'entrai dans l'eau, qui n'était pas profonde
dans cet endroit : alors j'amarrai quatre de ces arbres ensemble : ils étaient suffisants. Les liens que j'employai furent des
écorces; j'y ajustai de mon mieux une longue perche, plus
grosse à une extrémité qu'à l'autre, pour me servir de rame et
de gouvernail. Cet ouvrage étant fini, nous nous préparâmes
à partir. Nous descendîmes sur le radeau, que je poussai au
large, en gouvernant du mieux que je pus avec ma perche. Le
courant nous entraîna d'abord avec une rapidité qui me fit
trembler ; en un clin d'œil, il nous porta à plus de trois cents
pas du lieu où nous nous étions embarqués. Je craignais qu'il
ne nous entraînât de même jusqu'à la mer ; aussi je manœuvrai
avec une peine infinie pour arriver à la couper; j'y réussis à
la longue, mais ce fut toujours en cédant et en descendant, de
manière que je ne comptai arriver à l'autre bord qu'à une demi-
lieue plus bas que le point d'où nous étions partis. Bref, après

bien des efforts je parvins à passer le milieu de la rivière, le
courant allait bientôt cesser d'être aussi rapide. En effet, nous
étions presque au bout de l'endroit où il avait le plus de violence, lorsqu'il jeta notre radeau en travers, sur un arbre qui se
trouvait près de nous à fleur d'eau. Le mouvement que je fis
pour l'éviter contribua a notre naufrage. La secousse fut si
forte que les liens de notre radeau se rompirent, les pièces de
bois qui la composaient se séparèrent; nous tombâmes dans
l'eau, et nous nous serions infailliblement noyés, si je ne m'étais
pas pris d'une main aux branches de cet arbre. Je saisis en
même temps de l'autre madame de la Couture par les cheveux,
au moment où elle plongeait déjà, prête à disparaître. Le sommet de sa tête était seulement à fleur d'eau, je la tirai vigou-
reusement; et, comme elle n'avait pas perdu connaissance, je
lui criai de remuer les bras et les jambes pour m'aider à la soutenir. L'endroit où nous étions était très profond; je la fis
grimper sur le corps de l'arbre, dont je fis le tour à la nage;
l'autre extrémité touchait au bord et cela me donna la facilité
de l'y conduire. Nous atteignîmes ainsi le rivage, grâce a ce
pont fourni par le hasard.

« Après avoir pris un repas qui répara nos fatigues, nous
fîmes sécher nos habits et nos provisions. Ensuite nous nous
installâmes pour la nuit, qui n'offrit aucun péril.

» Le lendemain, nous trouvant reposés et rafraîchis, nous
nous remîmes en marche, cherchant toujours à nous rendre à
Saint-Marc des Apalaches et nous orientant comme nous pouvions. Les bois qui se trouvaient de ce côté de la rivière n'étaient
pas plus praticables; les joncs et les bruyères étaient tout aussi
dangereux. Néanmoins nous nous avançâmes pendant plusieurs
jours, accompagnés de toutes ces incommodités. Madame de
la Couture y résista plus longtemps que moi. Tant que j'avais
eu quelque force, j'avais ménagé les siennes. Mais, un jour,
n'en pouvant plus, abattu, voyant à peine, tant mon visage
était enflé par les piqûres des insectes, je me jetai sur le rivage, sous un arbre, à une centaine de pas de la mer. Après
m'être reposé pendant une heure, j'essayai de me lever pour

continuer de marcher ; mais cette entreprise fut au-dessus de
mes forces. Je me sentis même tellement malade, et le mal me
semblait faire de tels progrès, que je pensai que j'allais mourir.
Je fis mes dernières recommandations a madame de la Couture, la priant d'écrire à ma famille, lui donnant des conseils
pour la route à suivre, et lui adressant presque mes adieux. Ma
pauvre compagne ne me répondit que par des larmes. Puis,
sur quelques mots relatifs à mes souffrances, elle me donna
des soins, surtout en m'enveloppant des lambeaux de l'une de
ses jupes pour m'épargner les piqûres des maringouins et des
moustiques.

» En ce moment, une grosse poule d'Inde qui se retirait
dans un taillis voisin, fit penser à madame de la Couture que
cette bête avait un nid en cet endroit; elle s'empressa d'aller
à la découverte. Je restai seul pendant trois heures environ.
Je me trouvais alors dans une sorte d'anéantissement stupide,
sans mouvement et privé de l'usage de ma raison. Un affreux
engourdissement avait saisi mes membres; je ne sentais pas
de douleur, mais un malaise général dans tout mon corps.

» J'étais dans cet état, lorsque j'entendis des cris qui me
tirèrent de ma léthargie et appelèrent mon attention. Je prêtai
l'oreille. Ces cris me parurent venir du côté de la mer, et je les
pris pour ceux de quelques sauvages qui s'approchaient de la
côte. J'essayai de crier : hélas! ma voix était éteinte. La crainte
cependant de perdre l'unique ressource qui se fût présentée
depuis si longtemps, me rendit une partie de mes forces. Je
m'en servis pour me traîner sur mes genoux et sur mes mains,
le plus près de la mer qu'il me fut possible. J'aperçus alors
distinctement un gros canot qui longeait le rivage et qui ne
m'avait pas encore passé. Je me levai sur mes genoux, et, prenant
mon bonnet à la main, je fis des signes que j'étais forcé d'interrompre à chaque instant, parce que je ne pouvais me soutenir
et que je retombais sur le ventre. Combien je regrettais de
n'avoir pas avec moi madame de la Couture ! Elle aurait pu
gagner la grève, courir, crier, appeler au secours et parvenir
à se faire entendre : mais elle était éloignée, et il fallait que

les cris des gens qui étaient dans le canot n'eussent pas frappé
ses oreilles, puisqu'elle n'accourait pas. A son défaut, je n'épar-
gnai rien pour me faire voir. Une longue perche que je trouvai
à côté de moi me servit à élever mon bonnet et un morceau
de jupon que ma compagne d'infortune m'avait laissé. Cette sorte
de drapeau flottant dans l'air attira les regards de ceux qui
conduisaient ce canot. Je le connus aux nouveaux cris qu'ils
poussèrent et au mouvement de leur bâtiment, qui cessa de
descendre et qui s'approcha vers le rivage. Je plantai ma perche en terre, afin qu'ils ne perdissent pas de vue mon signal,
et je me laissai aller sur le sable, où je me couchai tout de
mon long, fatigué des efforts que je venais de faire, mais con-
solé par la certitude d'une prochaine délivrance.

» En considérant attentivement le canot, j'avais remarqué
que les hommes qui le montaient étaient habillés. Cette observation me convainquant que j'avais affaire à des Européens, et
non à des sauvages, me délivra de toutes les inquiétudes que
l'abord des derniers n'aurait pas manqué de me causer encore.
En attendant mes libérateurs, je tournai mes regards du côté
de mon feu et je cherchai madame de la Couture. J'étais impa-
tient de la voir pour lui annoncer le bonheur qui nous arrivait et
de le lui faire partager. Je n'en pouvais bien goûter l'étendue
sans elle. Les tendres soins qu'elle prenait de moi, sa résolution de ne pas m'abandonner, et le partage d'infortunes dont
nous étions les victimes avaient resserré l'amitié qui m'unissait
à elle. Je ne l'aperçus point, et ce fut le seul chagrin que j'éprou-
vai dans ce moment.

» Les personnes dont j'attendais tout désormais arrivèrent
en ce moment; l'excès de ma joie, en les voyant si près de moi,
faillit m'être funeste. Elle m'occasionna un saisissement si violent que je fus quelques minutes sans répondre à leurs questions et sans pouvoir proférer une parole. Une goutte de tafia
qu'ils me donnèrent me fortifia et me mit en état de leur témoigner ma reconnaissance et de leur dire un mot de mes
malheurs. Ils virent tous le danger de ma situation et eurent
le ménagement de ne pas m'obliger à parler.

» Cependant je les priai de vouloir bien crier encore et de chercher du côté du taillis qui était devant nous, pour se faire entendre de madame de la Couture, dont la longue absence m'inquiétait. Un moment après je n'eus plus rien à désirer. Ma compagne parut : je la vis courir à moi de toutes ses forces. Elle avait attrapé la poule d'Inde et son nid, qu'elle m'apportait.

» Jugez de sa joie quand elle vit que je n'étais pas seul !

» Comme la nuit était venue, il fut inutile de songer à s'embarquer avant le lendemain.

» J'appris alors que nous étions au 6 du mois de mai, car jusqu'alors je n'avais pas été sûr de la plupart des dates.

» Nous nous rendîmes tous auprès de mon feu, où mes libérateurs se donnèrent la peine de me porter. Nous y mangeâmes notre poule d'Inde et les œufs. On y joignit quelque viande fumée et des verres de tafia.

» Nos libérateurs nous apprirent alors qu'ils étaient Anglais. Leur chef était un officier d'infanterie au service de Sa Majesté Britannique. Il se nommait Wright. Je l'entretins pendant le souper de nos aventures. Je vis frémir mes auditeurs des misères affreuses que nous avions endurées. Lorsque je lui parlai de la nécessité qui nous avait contraints à chercher dans mon malheureux nègre une nourriture que la nature entière nous refusait dans ce désert, M. Wright voulut voir cet horrible mets. La curiosité l'engagea même à en porter à sa bouche. Il le rejeta sur-le-champ, avec un dégoût inexprimable.

» Lorsque j'eus fini mon récit, je demandai à mon tour à M. Wright à quel heureux hasard nous devions sa rencontre.

» Il me répondit qu'il était du détachement de Saint-Marc des Apalaches; que, quelques jours auparavant, un sauvage ayant rapporté qu'il avait trouvé sur la côte un homme mort, dont le reste des vêtements qui le couvraient annonçait que c'était un Européen, et qu'il lui manquait le ventre et le visage, que les bêtes féroces avaient dévorés, son commandant, d'après ce récit, l'avait détaché avec quatre soldats pour courir la côte dans un canot, et recueillir les infortunés qui pourraient se trouver

encore en mesure de profiter de ce secours, car on jugeait bien
qu'un naufrage avait eu lieu.

» Je ne doutai pas que ce cadavre fût celui du malheureux
capitaine de la Couture, ou de M. Desclau, mon associé. Tous
deux s'étaient noyés sans doute. Mais l'un avait pu être emporté
au milieu de la mer et dévoré par les caïmans, et l'autre jeté
sur la côte.

» Après nous être entretenus quelque temps, nous nous
abandonnâmes au sommeil. Il fut bientôt interrompu par un
affreux orage. La pluie, le vent, le tonnerre et les éclairs ne cessèrent pas un instant de la nuit. Ils incommodèrent beaucoup
les Anglais : mais madame de la Couture et moi, nous y étions
accoutumés depuis longtemps, et, cette nuit, ils nous furent
encore moins insupportables.

» Le jour naissant vit diminuer la tempête, qui se dissipa entièrement au lever du soleil. Nous ne songeâmes plus qu'à
nous embarquer. J'achevai de me reposer dans le canot.

» M. Wright songea à achever de remplir sa mission. Il avait
parcouru plusieurs îles : mais il lui en restait une à visiter
avant de retourner à Saint-Marc des Apalaches. Il y dirigea
son canot et nous y arrivâmes après douze heures de navigation. Je la reconnus pour celle d'où nous étions partis, madame de la Couture et moi, et dans laquelle nous avions laissé
son fils.....

» Les malheurs que j'avais essuyés depuis notre départ ne
m'avaient guère permis de songer à lui. Mon retour dans cette
île le rappela à mon souvenir. Je ne pus m'empêcher de donner
encore quelques larmes à son sort. Au milieu de mes regrets,
je me souvins qu'il n'était pas encore mort lorsque je l'avais
quitté. Cette idée m'agita ; celle que peut-être vivait-il encore
et pouvait recevoir quelques secours me frappa. En vain ma
raison la rejetait comme une chose impossible, je ne voulus
pas m'éloigner sans m'être assuré de son état....

» Nous voguions toujours dans le dessein de faire le tour de
l'île, et nos soldats, pendant ce temps, criaient de toutes leurs
forces, par intervalle, afin de se faire entendre. Personne ne leur

répondait... Ce silence ne calma ni mes inquiétudes ni mon
agitation secrète. Le malheureux jeune homme pouvait entendre ces cris, et néanmoins être hors d'état de faire entendre les siens. Je ne pus résister plus longtemps à l'impatience
d'éclaircir la chose et je fis part de mes soupçons à M. Wright,
qui voulut bien s'arrêter et envoyer un soldat à terre, avec ordre de voir en quel état était le jeune homme.

» Le soldat revint un demi-quart d'heure après nous annoncer qu'il l'avait vu et qu'il était mort.

» J'obtins alors de l'officier anglais la permission d'aller lui
rendre les derniers devoirs. Tout le monde débarqua, et me
suivit. Madame de la Couture elle-même voulut être présente
à ce pieux office.

» Nous arrivâmes auprès de ce malheureux jeune homme.
Il était couché sur le ventre, le visage contre terre. Son corps
était d'un rouge hâlé, et sentait mauvais, ce qui me fit croire à
une mort ancienne. Il avait des vers autour de ses jarretières.
C'était un spectacle hideux ! Aussitôt les soldats creusèrent une
fosse, et moi je me mis en prières. La fosse creusée, on souleva
précautionneusement le cadavre. Quelle ne fut pas ma surprise,
la surprise de tous, le cœur de l'infortuné battait encore !... En
outre, au moment où un soldat voulut prendre une jambe,
cette jambe se retira..... Alors, revenus à l'espoir de le faire
revivre, nous nous empressâmes de donner tous les secours
possibles à l'infortuné jeune homme. On lui fit avaler un peu
de tafia avec de l'eau; on se servit du même mélange pour
laver les plaies qu'il avait sur les genoux et d'où l'on tira
nombre de vers.

» Quant à madame de la Couture, immobile d'étonnement,
elle passait tour à tour de la crainte à la joie, en voyant son
fils, qu'elle avait cru mort, respirant encore : elle se défiait de
ses yeux et se livrait à une sorte de délire.

» Sur ce, M. Wright vint nous dire que le malade pleurait,
qu'il regardait les soldats d'un air égaré, et qu'il demandait sa
mère. Nous courûmes près de lui :

» — C'est donc vous ! Enfin vous voici ! fit-il d'une voix
languissante.

» Le pauvre malade ignorait absolument le temps qu'il avait passé dans cette situation : il croyait que nous n'étions point partis et que nous venions de trouver sur-le-champ le secours dont il profitait. On ne le détrompa point.

» Nous nous embarquâmes le même jour pour Saint-Marc des Apalaches, où nous arrivâmes à sept heures du soir. Le commandant nous reçut avec beaucoup d'humanité. Il commença par me faire porter chez lui ; il envoya madame de la Couture et son fils malade chez le caporal du détachement, et nous fit donner à tous les soins de son chirurgien.

» Il était temps que nous trouvassions un terme à nos souffrances. Elles avaient commencé d'une manière terrible le 16 février 1776, que nous avions fait naufrage, et finissaient ainsi le 7 mai. Quatre-vingt et un jours de martyre! que ce temps nous avait paru long ! »

Disons qu'Antonio fut puni. Le sauvage avait laissé les huit matelots avec sa mère, sa sœur et son neveu. Les matelots les massacrèrent, lorsqu'ils virent qu'Antonio ne revenait pas. Puis cinq d'entre eux s'emparant d'une autre pirogue du sauvage, s'éloignèrent de l'île, et périrent en mer. Les trois autres furent tués par Antonio, lorsqu'il revint, après nous avoir dépouillés, et qu'il vit les siens morts. Quant à lui, le ciel ne lui aura pas remis son crime...

« Après un séjour d'un demi-mois, me trouvant guéri, continue le capitaine Viaud, je songeai à quitter le fort anglais. Madame de la Couture m'aurait suivi volontiers ; mais son fils n'était pas en état de faire le voyage. Nous nous séparâmes avec regret ; l'habitude de souffrir ensemble nous avait uni d'une amitié tendre. Nos adieux furent touchants... Nous nous promîmes de ne pas nous oublier... Nos cœurs étaient bien serrés quand nous nous embrassâmes...

» Je me rendis à New-York par un bateau. Là, je fis connaissance avec des français, et notamment avec M. Dupeystre, qui me proposa de conduire à Nantes le navire le *Comte d'Estaing*. J'acceptai : ma traversée fut heureuse, et c'est à Nantes que je me repose de mes longues et cruelles infortunes... »

3

NAUFRAGE DU NAVIRE INDIEN LA JUNON,

Sur les côtes d'Aracan, dans l'Inde transgangétique, en juin 1860.

On donne le nom d'Indes orientales à deux grandes péninsules de l'Asie méridionale, séparées l'une de l'autre par le Gange, fleuve sacré des Hindous, et qui sont appelées Inde *cisgangétique*, ou Inde en-deçà du Gange, et Inde *transgangétique* ou Inde au-delà du Gange, termes auxquels on a substitué ceux de Hindoustan et Indo-Chine.

C'est un merveilleux pays que l'Inde en général. Les gigantesques montagnes de l'Himalaya, les plus hautes du globe, y étendent de nombreuses ramifications. Il est sillonné en tous sens par d'immenses fleuves, dont les plus fameux sont le Gange et l'Indus, grossis chacun par une multitude d'affluents, l'Iraouaddy, le Godaveri, le Brahmapoutra, et beaucoup d'autres. Le climat de cette contrée varie selon la hauteur à laquelle on s'élève; mais dès qu'on n'est plus sur les montagnes, il est généralement très chaud.

On ne connaît aux Indes que deux saisons, la sèche et la pluvieuse. Dans celle-ci, l'eau tombe par torrents, les fleuves couvrent la campagne. Deux moussons se partagent aussi l'année, celle du nord, qui souffle de mai en octobre; et celle du sud, qu'interrompent quelques vents moins constants. Dans cette contrée luxuriante, les orages sont épouvantables : le vent suffit pour déraciner les vieux arbres. L'air est généralement sain; mais il survient fréquemment des épidémies, et spécialement le choléra, qui enlève alors de nombreuses portions de la population.

Le sol est d'une incomparable fertilité en grains, fruits, riz, coton, plantes odoriférantes et tinctoriales, sucre, indigo, safran, etc. On y trouve des forêts remplies d'arbres magnifiques et précieux, sandal, cocotier, gommier, manguier. Il y a des mines d'or, d'argent, de cuivre, d'étain, de zinc, etc. Nulle part ailleurs les diamants et les pierres précieuses ne sont ni plus nombreux ni plus beaux. Rubis, saphirs, améthystes, tourmalines, sont la grande richesse du Bengale et du Bendelkand.

Une foule d'oiseaux dont le plumage est d'une beauté ravissante y peuplent les immenses forêts. La mer fournit les perles les plus grosses et les plus pures; les rivières fournissent une pêche très abondante. Mais aussi les animaux les plus terribles sont les hôtes de cet Eden : scorpions, serpents venimeux, moustiques insupportables, gavials ou crocodiles d'Asie, lions énormes, tigres superbes, énormes panthères, hyènes, etc. Et puis des éléphants par troupes considérables.

L'Inde n'a été totalement explorée que dans le siècle dernier.

Dans l'antiquité, les Grecs, jusqu'au temps d'Alexandre, ne la connurent que de nom. D'après cette époque, diverses expéditions successives la firent de mieux en mieux juger et apprécier. Jusqu'au XVe siècle, notre Europe ne reçut des notions sur cette vaste et opulente contrée que par des écrivains arabes et par les récits isolés de quelques voyageurs. Mais en 1497, Vasco de Gama, ayant doublé le cap de Bonne-Espérance, vint aborder sur les côtes occidentales de la presqu'île cisgangétique. Pendant le XVIe et le XVIIe siècle, toutes les côtes de l'Inde furent explorées par les Portugais et les Hollandais. Cependant ces deux peuples ne possédèrent jamais que des places maritimes, et ne purent point pénétrer au sein du pays.

Je ne parlerai point ici de la splendeur des admirables cités de l'Inde. Il suffit de nommer les grandes cités de Pondichéry, Madras, Tranquebar, Chandernagor, Bénarès, Calcutta, Seringapatam, Haïderabad, Singapour, Bombay, Delhy, Rangoun, etc., dont plusieurs appartiennent à notre France, pour éveiller aussitôt dans l'imagination des souvenirs ou des idées de magnificence dignes des *Mille et une Nuits*.

La côte de Coromandel, but du voyage de la *Junon*, côte orientale de l'Inde, s'étend dans la partie méridionale du golfe de Bengale. Elle est capitonnée des brillantes cités de Madras,

Pondichéry et Tranquebar. La navigation y est très dangereuse de janvier en avril.

Quant à l'Aracan, lieu du naufrage de la même *Junon*, c'est une province de l'Inde qui s'étend le long de la côte orientale du même golfe de Bengale. On y trouve une longue chaîne de montagnes et plusieurs rivières. Elle a pour chef-lieu Aracan, grande ville un peu déchue, de dix à douze mille âmes.

Enfin, Rangoun, le point de départ de la *Junon*, est la ville capitale de l'empire birman, dans l'ancien royaume de Pégou, et sur une branche de la belle rivière l'Irouaddy, grand fleuve qui prend sa source dans le Thibet, traverse cette contrée, franchit l'Himalaya, parcourt l'empire birman, et aboutit dans la mer des Indes, au golfe de Martaban, par plusieurs bouches.

Maintenant abordons le récit du naufrage.

Celui dont nous allons parler est entouré de circonstances tellement extraordinaires et si tragiques, que nous devons le faire figurer parmi les plus intéressants des drames de la mer que nous plaçons sous les yeux de nos lecteurs.

La *Junon* est un mauvais navire, et les calamités dont elle sera le théâtre sont la conséquence de l'imprudence des navigateurs qui lui confient leur existence.

Nous devons le récit qui va suivre au maître du navire, un Français, du nom de Jean Mackai :

« Nous partîmes de Rangoun, pour nous rendre à Madras, le 29 mai 1800, avec le commencement du flot, ayant vingt-cinq ou trente pieds d'eau, sur un fond de vase tendre. Mais vers six heures du soir, cette profondeur diminua tout-à-coup. On ordonna aussitôt de virer de bord, mais le navire passa sur un banc de vase dure. Vainement on brassa tout à l'arrière pour le dégager. Alors on mouilla deux ancres d'affourche pour l'empêcher de dériver davantage. Elles tiennent bon pendant quelque temps ; puis, l'une ayant perdu fond et fait chasser l'autre, on laissa tomber la maîtresse ancre qui nous fixa.

» La marée allait cesser de monter, et l'on était sûr de dégager le bâtiment avec le reflux, pourvu qu'on pût l'empêcher de chavirer à marée basse. On amena donc les mâts et

les vergues de perroquet pour débarrasser le navire de leur
poids. Quand la mer fut basse, il donna à la bande d'une manière
effrayante ; mais il flotta avec le reflux. Alors nous levâmes
nos ancres, et forçant de voiles, nous nous trouvâmes dans des
eaux plus profondes. Comme la *Junon* ne faisait plus d'eau,
nous espérâmes que tout danger était passé.

« Le 1er juin, il venta du sud-ouest grand frais. La mer fut
très grosse. La *Junon* fatigua beaucoup et une voie d'eau se
déclara. Ce coup de vent dura huit jours. Il fallut que tout le
monde mît la main à l'œuvre : mais les pompes se dérangeaient
souvent. Pour comble de malheur, on n'avait pas de charpentier, ni d'outils. On fit ce qu'on put cependant. Malheureusement
le sable du lest engorgeait les tuyaux à chaque instant, et notre
travail devenait alors inutile, car il fallait enlever les pompes
pour les nettoyer.

« Aussi notre situation devenant d'heure en heure plus périlleuse, on ouvrit l'avis de retourner à Rangoun, dont nous
n'étions pas encore très loin. Mais les dangers auxquels on est
exposé en approchant de cette côte, qui est si basse qu'on ne
l'aperçoit que quand on la touche, firent que l'on décida de
continuer de cingler vers Madras.

« Cependant nos forces s'épuisaient et l'équipage commençait à murmurer, lorsque, un matin, le 6, le vent cessa de
souffler, et la *Junon* fit moins d'eau. Il n'y eut plus besoin
de tenir qu'une seule pompe en marche. Nous vîmes alors que
la voie d'eau venait de l'étambot à la ligne de flottaison. Le
premier jour de calme nous mîmes le canot dehors : nous clouâ-
mes une toile goudronnée sur le trou qui fut bouché avec des
étoupes, et le tout fut recouvert d'une feuille de plomb. Cet
expédient eut un résultat si heureux que, tant qu'il fit beau,
nous n'eûmes besoin de pomper qu'une fois par quart, ce qui
nous fit présumer que nous avions réussi à fermer la voie
d'eau. On se félicita donc du succès. Mais ces joies étaient
prématurées, et il eût été beaucoup plus avantageux pour nous
de retourner à Rangoun. En effet, nous étions fous de supposer qu'un morceau de toile et quelques étoupes fussent suffi-

sants pour remettre en bon état un navire déjà bien fatigué par
la grosse mer.

» Néanmoins, le 12 juin, après des peines infinies, nous étions
parvenus à réparer nos pompes, lorsqu'il commença à venter
grand frais du sud-est. Dès l'instant que ce vent se fit sentir,
la voie d'eau, elle aussi, recommença à se reproduire, et le
sable, ayant engorgé nos pompes dès les premiers mouvements,
rendit inutile leur secours. Nous en avions trois cependant,
et de plus un seau de bois vidait de l'eau, sans interruption.
Néanmoins, malgré l'ardeur que manifestaient l'équipage et
les passagers, après quatre jours d'une fatigue inouïe, nous
commençâmes à nous croire tout-à-fait perdus.

» Nous nous décidâmes alors à mettre toutes voiles dehors,
afin d'arriver vent arrière, de manière à gagner la côte de Coromandel la plus proche, nous proposant de la prolonger ensuite jusqu'à Madras, ou de faire route sur le Bengale, selon
les circonstances. En conséquence, on mit dehors les huniers
et les basses voiles, en prenant tous les ris. Mais les pompes
exigeaient un travail tellement assidu, qu'il ne fut pas possible de donner l'attention nécessaire aux voiles, de sorte que,
avant le 18, le vent les eut enlevées, à l'exception de la misaine.
Nous mîmes donc en travers jusqu'au 19 à midi.

» Nous étions alors à l'ouest du cap Negrais.

» Bientôt la *Junon* s'enfonça d'une manière effrayante, et il
fallut renoncer à l'espoir de la voir s'élever de nouveau. Tout
le monde, à bord, était si alarmé, qu'il fut très difficile de maintenir chacun à son poste. Vers midi, nous orientâmes la misaine,
et nous marchâmes vent arrière à sec, en même temps que
nous unissions tous nos efforts pour vider l'eau qui remplissait
le bâtiment : mais c'était en vain.

» Les matelots qui étaient en bas remontèrent vers le soir,
en disant que l'eau gagnait le premier pont. L'équipage, à ces
mots, se livra au désespoir. Alors, comme on demeura généralement persuadé que le bâtiment ne pouvait se soutenir plus
longtemps, la cale étant en quelque sorte remplie de sable en
last, tous demandèrent à grands cris que l'on mît les canots

à la mer. Malheureusement ces canots étaient eux-mêmes en
si mauvais état qu'ils ne pouvaient être d'aucun secours.

« Enfin, dans le but de retarder la perte de la *Junon* et la
mort de tous ceux qui la montaient, ce même jour, 19 juin, vers
neuf heures de la nuit, on coupa le grand mât : mais, par malheur, il tomba sur le pont, et, dans la confusion causée par cet
accident, les hommes placés au gouvernail l'abandonnèrent, et
le bâtiment présenta la hanche à la lame. Le choc fut si violent,
que l'eau entra de tous côtés. Ce moment fut épouvantable.

« Madame Bremner, femme du capitaine, qui était couchée
en bas, faillit être noyée dans sa cabine ; toutefois elle trouva
moyen de sortir par l'écoutille, et le maître et moi, nous l'aidâ-
mes à monter sur les lices de l'arrière. Nous la placions sur les
haubans du mât d'artimon, lorsque le vaisseau, qui marchait
alors très rapidement, s'arrêta tout-à-coup. La secousse fut si
violente que nous pensâmes qu'il sombrait et que notre dernière heure était venue ; mais, dès que le pont fut sous l'eau,
il ne s'enfonça plus. Nous grimpâmes tous dans les haubans pour
échapper à la mort, et l'on montait plus haut, à mesure que les
lames, qui se succédaient, enfonçaient plus profondément le
navire dans l'eau. Le capitaine Bremner, sa femme, quelques
autres et moi, nous gagnâmes la hune d'artimon ; tout le reste
de l'équipage s'accrocha aux manœuvres de ce mât, à l'exception d'un homme, qui, étant à l'avant du navire, gagna la hune
de misaine. Madame Bremner, qui n'avait sur elle que sa chemise et son jupon d'étoffe d'écorce, se plaignait beaucoup du
froid ; comme j'étais mieux vêtu que son mari, j'ôtai ma ja-
quette et je la lui mis sur les épaules.

« Voyant alors que la *Junon* ne coulait pas au fond de la mer,
comme nous l'avions craint tout d'abord, nous nous servîmes
de nos couteaux pour défaire la vergue du mât d'artimon, de
peur que le poids de tant de personnes qui s'étaient placées sur
ce mât, ajouté à celui de la vergue, ne le fît tomber. Quoique
le bâtiment roulât avec tant de force que nous avions beaucoup
de peine à nous tenir, la fatigue, ou plutôt l'engourdissement
de la terreur, endormit quelques-uns de nous ; mais, pour

moi, je n'étais pas assez tranquille pour pouvoir fermer l'œil.

» La perspective du sort affreux qui nous était réservé se montra tout entière à nous, quand le jour parut : notre situation était véritablement affreuse. Le vent soufflait avec impétuosité ; la mer s'élevait à une hauteur prodigieuse ; le pont et les parties supérieures du navire se disloquaient ; les manœuvres qui supportaient les mâts, et auxquels s'étaient cramponnés soixante-douze infortunés, cédaient sous ce poids et menaçaient à chaque instant de clore la scène. Les cris des femmes et leurs gémissements ajoutaient à l'horreur du spectacle. Quelques hommes cédèrent volontairement à leur sort, tandis que d'autres, hors d'état de se tenir fermes aux manœuvres, étaient violemment enlevés par les vagues ; mais la plupart étaient réservés à des épreuves encore plus terribles.

» Le vent et la tempête continuèrent ainsi pendant trois jours, et chaque jour aggravait cruellement notre position. Nous comprimes bientôt que nous pouvions rester ainsi sur le vaisseau ; mais la faim était venue et nous n'avions rien à manger, puisque toutes les provisions étaient englouties sous le pont du vaisseau. Nous vîmes donc bien clairement que si la mer ne nous tuait pas, ce serait la famine qui terminerait nos jours : oui, la famine était la forme horrible sous laquelle la mort nous apparaissait ! J'avoue qu'en de telles circonstances mon intention et celle de mes compagnons fut de prolonger notre existence à l'aide du seul moyen qui semblait se présenter. C'est horrible à dire ! mais nous désirions, nous voulions manger le corps du premier d'entre nous qui mourrait. Seulement, on ne se communiquait pas cette terrible idée, mais elle se lisait dans les yeux et se devinait dans les attitudes. On s'observait comme le chasseur guette sa proie..... Ainsi le canonnier, qui était catholique romain, m'avoua qu'il était obsédé de cette fatale pensée, et me demanda si je croyais que la conscience permît d'avoir recours à un pareil expédient.

» Le défaut d'espace dans la hune d'artimon la fit quitter à plusieurs hommes, dans l'intention de gagner à la nage la hune de misaine. Trois ou quatre périrent dans cette entreprise.

» A mon agitation succéda, pendant quelques instants, une
sorte d'indifférence. J'essayais de sommeiller pour passer le
temps ; je souhaitais par-dessus tout de tomber dans un état
d'insensibilité absolue. Les lamentations inutiles de mes compagnons d'infortune m'aigrissaient, et, au lieu de sympathiser
à leurs maux, j'étais de mauvaise humeur de ce qu'elles me
dérangeaient. Durant les trois premiers jours, je ne souffris pas
beaucoup du manque de nourriture. D'abord le temps fut couvert et un peu frais, mais, le quatrième jour, le vent s'apaisa,
les nuages se dissipèrent, et alors nous eûmes à souffrir d'une
nouvelle calamité, c'est-à-dire de l'ardeur dévorante d'un soleil vertical, dont les feux implacables ne nous laissèrent plus de
repos.

» Le 25 juin, qui était le cinquième jour depuis que le navire
avait coulé, nous perdîmes les deux premiers de nos compagnons d'infortune : ils moururent de faim. Quelle mort !... Cette
perte affecta vivement tous ceux qui leur survivaient. L'un expira tout-à-coup, l'autre eut une horrible agonie de plusieurs
heures. Elle commença par de violents soulèvements d'estomac, suivis d'affreuses convulsions. J'observai que ces symp-
tômes étaient le présage d'une mort prochaine et douloureuse.

» La journée fut très chaude et la mer fort tranquille. Aussi,
comme le capitaine et le premier maître avaient toujours mon-
tré une grande confiance dans les radeaux, on rappela quelque peu son énergie et on s'occupa à en fabriquer un avec la
vergue de misaine, celle de beaupré et de petits espars qui
étaient traînés à la remorque. Le lendemain, 26, vers midi,
le radeau était achevé et on commença à s'y embarquer. Quand
le capitaine vit que le mouvement était général, il se hâta de
descendre de la hune avec sa femme. Tout en désapprouvant
ce moyen de sauvetage, je fis comme eux ; mais alors le radeau ne se trouva pas assez grand pour nous contenir tous,
et il en résulta une querelle, une rixe même... Les plus forts
en chassèrent les plus faibles, et ceux-ci furent contraints de
retourner sur la *Junon*. Alors, au moment même où on allait

couper la corde qui attachait encore le radeau au navire, je demandai au capitaine Bremner dans quelle direction, d'après lui,
se trouvait la terre, et s'il supposait qu'il y eût quelque pro-
babilité d'en avoir connaissance ! La réponse étant évasive,
je m'efforçai de lui persuader de regagner le vaisseau. Mais,
assuré que mes paroles ne faisaient aucune impression sur lui,
je ne le quittai pas. Nous nous mîmes à ramer vent arrière, et,
pour ce faire, nous nous servions de morceaux de bordage
que les matelots avaient taillés en pagaies, à l'aide de leurs
couteaux.

  » Avant d'avoir fait beaucoup de route, nous reconnûmes
que nous étions trop nombreux pour le radeau : je saisis donc
cette occasion de renouveler mes remontrances. Elles produisirent leur effet sur un des nôtres, qui consentit à retourner
avec moi à la hune d'artimon. Le reste des naufragés, bien
content de voir que notre départ allégeait le radeau, nous aida
à remonter sur la *Junon*.

  » Au coucher du soleil, l'embarcation était hors de vue.

  » Mais le 27, quel ne fut pas mon étonnement et celui de
mes compagnons de revoir le radeau à deux pas de notre bâtiment, le long du bord, et sous la hanche opposée à celle d'où
il était parti. Les infortunés avaient ramé toute la nuit, jusqu'à l'épuisement total de leurs forces, sans savoir de quel côté
ils se dirigeaient, de sorte qu'ils avaient erré à l'aventure. Au
point du jour, quand ils se virent si près de nous, ils quittèrent
le radeau et nous rejoignirent sur les têtes de mâts

  » Bientôt le capitaine Bremner tomba dans le délire : les
alarmes que son état causa à sa femme lui occasionnèrent des
convulsions. Le capitaine était un homme robuste et bien
portant, ayant déjà passé l'âge moyen ; sa femme, au contraire,
était jeune et délicate. Dans les premiers moments de notre
naufrage, il semblait que la vue de madame Bremner fût pénible à son mari, comme si elle eût eu l'air de lui reprocher de
l'avoir entraînée dans l'abîme ; il semblait en avoir peur. Mais
lorsqu'il tomba dans le délire, il ne voulait pas un instant se
séparer d'elle. Alors il s'imaginait voir une table couverte

des mets les plus exquis et nous demandait pourquoi nous ne lui
servions pas de tel ou tel plat. Il parlait sans cesse, dans sa
souffrance, de manger et de boire. C'est la maladie des affamés que l'on nomme *calenture*.

» Dans la matinée du 28, un passager du nom de Wade déclara
qu'il ne pouvait pas supporter davantage son état, et qu'il était
disposé à aller encore sur le radeau, si je consentais à l'accompagner. Je rejetai cette proposition, et j'essayai infructueu-
sement de le dissuader de son projet. Il me répliqua que toute
espèce de mort était préférable à son existence actuelle, et que
rien ne le ferait changer de résolution. Il persuada à deux
Secoices, à deux Malais et à quatre Lascars de se joindre à lui.
En quelques heures, nous les eûmes perdus de vue. Mais il
s'éleva une bourrasque dans la soirée et sans doute elle leur
fut fatale, tandis qu'elle nous apporta le soulagement dont nous
avions le plus pressant besoin, puisqu'elle fut accompagnée
d'une pluie très forte. Nous n'en pûmes retenir les gouttes
qu'en étendant nos habits; il étaient si imprégnés d'eau salée,
qu'ils en communiquèrent d'abord le goût à l'eau fraîche; mais
la pluie tomba si abondamment, qu'elle eut bientôt emporté
tout le sel. Dans la suite, nous réservâmes une partie de nos
vêtements pour recueillir ainsi de l'eau fraîche, et l'autre pour
tremper dans la mer quand les circonstances l'exigeaient.

» J'avais lu ou entendu dire que personne ne pouvait vivre
que très peu de temps sans prendre de nourriture; au bout de
quelques jours, je fus étonné d'avoir existé si longtemps, et
j'en conclus que chaque jour qui suivrait serait le dernier. Je
m'attendais qu'à mesure que les horreurs de la mort s'appro-
cheraient, nous nous dévorerions les uns les autres. Cette
perspective affreuse me faisait frissonner d'horreur, et peut-
être que la crainte de l'avenir contribuait à me réconcilier
avec le présent. Plusieurs de mes compagnons expirèrent dans
le délire; la terreur d'éprouver un pareil sort m'en faisait anti-
ciper le tourment. Je suppliais avec instance le Tout-Puissant
de vouloir bien épargner ma raison dans mes derniers moments.
Je souhaitais que sa volonté fût de me délivrer de mes souf-

frances ; mais quand je supposais que le moment arrivait, la
nature se révoltait à la pensée de la dissolution de mon être.

» Un des Lascars dont le corps était couvert d'ulcères dégoû-
tants, mourut dans les trelinguages du hauban, précisément
au-dessous de la hune : celui qui était auprès de lui essaya
de le jeter à la mer : mais le corps se trouvait tellement engagé
dans les manœuvres, qu'il ne put l'en retirer, de sorte que le
cadavre y resta deux jours encore et finit par répandre une
puanteur insupportable. Combien d'autres épisodes du même
genre je pourrais raconter !

» Dans la matinée du 1er juillet, le onzième jour après notre
désastre, madame Bremner trouva son mari mort dans ses
bras... Nos forces étaient si épuisées, que nous eûmes bien de
la peine à jeter son corps à la mer, après l'avoir dépouillé d'une
partie de ses habits pour en revêtir sa femme.

» La même journée vit mourir deux hommes dans la hune
d'artimon, et deux autres dans celle de misaine. Nous n'avions
que bien peu de communication avec les hommes qui étaient
dans cette hune, car nous n'avions pas la force de descendre,
ni même de parler assez haut pour être entendus à cette distance.

» J'ignorais à peu près ce qui arrivait à ceux de nos gens
qui n'étaient pas dans mon voisinage ; leurs cris seuls m'en
donnaient connaissance. Quelques-uns luttaient contre la mort,
et avaient une agonie terrible. Ceux dont les forces étaient le
plus abattues, n'avaient pas toujours une mort douce. Ainsi le
fils du passager Wade, jeune homme robuste et bien portant,
dont le père s'était enfui sur le radeau, mourut très promptement et presque sans pousser un gémissement. Un autre jeune
homme, du même âge, mais qui avait l'air délicat, résista bien
plus longtemps. Le père de ce dernier était sur la hune de
misaine. Quand on lui dit que son fils était à l'agonie, il se
hâta de descendre, et se traînant sur les pieds et sur les mains
le long du plat-bord au vent, il alla trouver son fils sur les
haubans d'artimon. Il ne restait plus que trois à quatre bordages du gaillard d'arrière, au-dessus des bouteilles. Ce père

infortuné y conduisit son fils, qu'il appuya fortement contre la
lisse, de crainte que les vagues ne l'enlevassent. Quand le malade éprouvait un soulèvement d'estomac, il l'enlevait dans ses
bras et essuyait l'écume de ses lèvres ; s'il tombait une ondée,
il lui faisait ouvrir la bouche pour recevoir les gouttes de pluie
ou bien lui faisait avaler celles qu'il exprimait d'un linge
mouillé. Ils restèrent dans cette triste position pendant cinq
jours. Enfin, le fils expira... Alors le malheureux père souleva
son fils et le regarda d'un air égaré, comme s'il n'eût pu croire
à sa mort. Quand enfin il ne lui fut plus permis d'en douter, il
resta près du cadavre sans dire un mot de plus. Puis, la mer
ayant emporté le jeune homme mort, le pauvre père s'enve-
loppa dans un morceau de toile, se laissa tomber et ne se releva plus. Il vécut deux jours de plus que son fils, d'après ce
que nous fit juger le tremblement de ses membres chaque fois
qu'une lame venait se briser sur son corps.

» Dans la soirée du 10, et, autant que nous pûmes calculer,
le vingtième jour depuis que la *Junon* avait coulé bas, quelqu'un dit qu'il voyait à l'horizon, à l'est, quelque chose qui
ressemblait à la terre. Son annonce fut entendue sans émotion, et personne ne fit le moindre effort pour constater la vérité. Cependant, si elle ne produisit pas un effet visible, il parut qu'elle occasionna une certaine sensation intérieure ; car
ayant, quelques minutes après, levé la tête pour observer ce
que notre compagnon avait remarqué, je vis tous les yeux
tournés du côté qu'il avait indiqué. Nous continuâmes tous à
regarder cet objet, mais avec assez peu d'attention jusqu'au
moment où les ombres de la nuit l'eurent graduellement dérobé
à nos yeux. Alors, chacun fit ses observations, et l'on convint
unanimement que c'était la terre. Madame Bremner et d'autres
me demandèrent si je croyais qu'il y eût possibilité de se sauver. Je répondis que je ne pensais pas que ce fût la terre ; que
pourtant, dans le cas contraire, nous avions la consolation
qu'elle mettrait probablement un terme à nos souffrances, parce
que le vaisseau toucherait certainement bien loin du rivage
et serait en quelques heures brisé en pièces. Cette opinion

m'avai fait redouter la vue de la terre. Mais, dans ce moment,
j'étais indifférent à tout et incapable d'aucune sensation vive.

» Je me rappelle qu'en m'éveillant le lendemain au point du
jour, je ne songeai pas à regarder si la terre était ou n'était
pas en vue. Mais alors un des hommes placés dans la hune de
misaine agita un mouchoir pour nous indiquer que c'était
réellement la terre. Enfin je sentis un désir de me lever et de
regarder. Bientôt, tout le monde fut debout. Ce que l'on voyai'
me parut beaucoup ressembler à la terre en effet : néanmoins
je n'en étais pas sûr; je ne mettais pas même un grand intérêt à ce que cela fût vrai. Madame Bremner m'ayant demandé
si je croyais que ce fût la côte de Coromandel, cette question me sembla ridicule.

» Toutefois, dans le courant de la journée, la chose devint
si évidente qu'il n'y eut plus moyen d'en douter et l'inquiétude fut générale. J'avais quelque espoir de me sauver, quoiqu'il fût considérablement diminué par la crainte de voir le
bâtiment toucher à une grande distance du rivage. Enfin, dans
la soirée, nous fûmes assez près pour reconnaître, à notre inexprimable douleur, que c'était une plage déserte, sans aucune
apparence d'habitants. Je m'attendais à chaque instant que la
Junon allait toucher, et je me couchai, bien persuadé que
c'était notre dernier jour. Je m'endormis néanmoins, et je fus
réveillé avant le lever du soleil par le choc violent qu'éprouva
le navire en touchant contre un rocher. Les secousses étaient
si fortes chaque fois, que le mât en était ébranlé. J'avais prévu
cet événement, et j'étais résigné à tout ce qui pourrait arriver.

» Au point du jour, la violence des secousses nous empêcha
de nous tenir fermes; la mer baissa de plusieurs pieds, et ce
qui restait du pont se retrouva à sec. Nous y descendîmes, mais
ce fut avec bien de la peine. Le canonnier et moi, nous prê-
tâmes notre secours à madame Bremner pour y arriver : mais
nous fûmes obligés de la laisser sur les trelinguages, parce
qu'elle était trop faible pour s'aider et que nous n'avions pas
assez de force pour la porter. Enfin la mer baissa tellement,

que le vaisseau ne remua plus et que l'entrepont fut mis à sec
comme le pont.

» Les Lascars descendirent de la hune de misaine et se
mirent à chercher des pièces de monnaie parmi les ordures. Je
proposai à deux de ces hommes qui me parurent les plus forts
de descendre madame Bremner du trelinguage où elle était
restée : mais ils refusèrent de lui rendre ce service, à moins
qu'elle ne leur donnât l'argent qu'elle avait sur elle, à ce qu'ils
prétendaient. Quand la *Junon* coula bas, elle avait heureusement mis environ trente roupies dans sa poche ; le soin anxieux
qu'elle apportait à les conserver avait fait souvent le sujet de
nos railleries, ne nous doutant guère que cette faible somme
dût puissamment contribuer à nous sauver la vie. Les Lascars
consentirent enfin à descendre notre malheureuse compagne
sur le pont, moyennant huit roupies. A peine se furent-ils acquittés de leur promesse, qu'ils insistèrent sur le paiement.
Ce fut le seul exemple de manque de compassion que ces hommes donnèrent, car jusqu'alors leur conduite avait été remplie
de délicatesse vis-à-vis des femmes.

» Après nous être reposés quelque temps sur l'entrepont,
nous observâmes que la tête du gouvernail avait été emportée,
et que, par le trou qu'elle avait occupé, il y avait un passage
à la sainte-barbe. Dès que la mer eut quitté le faux-pont, nous
descendîmes donc par ce trou dans la sainte-barbe pour voir
s'il restait quelque chose qui pût nous servir. Mais la mer avait
tout emporté, à l'exception de quatre cocos, qu'après bien des
recherches nous trouvâmes par-dessous le bordage. Mais ces
fruits étaient si vieux, que leur eau s'était convertie en une
huile rance et de si mauvais goût, qu'elle ne pouvait servir à
étancher la soif.

» Dans l'après-midi, nous vîmes quelque chose sur le rivage,
quelque chose qui ressemblait à des hommes, ce qui nous
rendit plus d'espoir encore. Tous ceux d'entre nous qui pouvaient se mouvoir allèrent sur le couronnement de la *Junon* et
tentèrent d'attirer l'attention de ces inconnus, en agitant des
habits et faisant le plus de bruit possible : mais ces hommes

ne prirent pas du tout garde à nous et ils passèrent leur chemin. Leur vue nous engagea néanmoins à faire quelques efforts
pour gagner la terre, et nous descendîmes dans la sainte-barbe,
où nous avions vu des espars. Nous en lançâmes une demi-
douzaine à l'eau, avec des peines infinies. Mais il n'y en avait
pas assez pour nous soutenir tous, et nos forces étaient si
épuisées que nous ne pûmes en remuer un plus grand nombre. Le soir venu, six des Lascars les plus vigoureux se cram-
ponnèrent sur ces espars, et la marée, qui commençait à monter,
les eut bientôt poussés sur la plage, où ils abordèrent heureusement, quoiqu'il y eût un ressac très fort. Ils y trouvèrent
un ruisseau d'eau vive dont ils burent abondamment, et ils se
couchèrent ensuite à l'ombre d'un banc, sur la plage. Nous les
vîmes le lendemain retourner encore au ruisseau pour boire,
ce qui nous fit plaisir, car je craignais qu'ils n'eussent été
dévorés par des tigres.

» Pour nous, qui restions, nous étions trop faibles et trop peu
nombreux pour remuer un seul espars.

» Il ne restait plus à bord que deux femmes, trois vieillards,
un homme d'un âge moyen alité depuis quelques jours, un jeune
garçon et moi. Ces êtres débiles avaient supporté des maux qui
avaient enlevé des hommes plus jeunes et beaucoup plus vigoureux.

» Vers midi, nous aperçûmes une troupe considérable de
naturels marchant le long de la plage, vers l'endroit où nos
gens étaient couchés. Ce fut alors que notre attention fut exci-
tée au plus haut degré, pour savoir comment ils traiteraient nos
compagnons. Ils allumèrent du feu, et nous conclûmes avec
justesse que c'était pour faire cuire du riz. Bientôt après ils
s'avancèrent jusqu'au bord de l'eau et agitèrent leurs mouchoirs
comme pour nous faire signe de venir à terre. Décrire notre
émotion en ce moment est absolument impossible : partagés
entre l'espérance et la crainte, nous n'étions plus maîtres de
nous. Nous voyions bien que ces hommes n'avaient pas de canots, et que lors même ils en auraient, le ressac les empêche-

rait d'en faire usage. Cependant nous espérions qu'ils invente-
raient quelque moyen de venir à nous.

« La vie qui, si récemment, me paraissait un fardeau, me
devint infiniment précieuse. Des bordages flottaient près du
vaisseau : je les apercevais, mais j'appréhendais de me confier
à ce frêle appui. Aussi proposai-je au canonnier et au contre-
maître, hommes du pays, de nous aider le jeune homme et
moi, à mettre un espars à la mer. Ils y consentirent d'abord,
mais ensuite ils abandonnèrent la tentative. Enfin, nous parvînmes, ce jeune garçon et moi, avec des peines infinies, à jeter à
l'eau un de ces espars, auquel nous avions attaché une corde.
Je me saisis ensuite d'une portion de bordage qui flottait, et je
le fixai de la même manière. Nous avions donc chacun un morceau de bois pour aider nos efforts. Cependant j'hésitais encore ; mais bientôt, encouragé par le jeune homme, nous convîn-
mes de partir ensemble. A peine fut-il placé sur son morceau
de bordage, que la résolution m'abandonna. Néanmoins, en réfléchissant que les naturels qui étaient sur le rivage pourraient
le quitter dans la soirée et que j'aurais encore moins de force
le lendemain, je me sentis déterminé à poursuivre la tentative.
Je pris donc congé de madame Bremner, qui ne pouvait s'aider
elle-même à aucune chose. Il m'était bien pénible de me séparer
d'elle, mais j'espérais que, si je réussissais à arriver à terre,
je parviendrais à engager quelqu'un du pays à aller à son secours. Elle me donna une roupie et accompagna ses adieux des
vœux les plus ardents. Tandis que je me recommandais à la
Providence, mon espars se détacha et s'éloigna. Recueillant
aussitôt toute ma force, je m'élançai à l'eau. Un instant auparavant, je pouvais à peine faire jouer mes articulations. Mais
à peine fus-je dans la mer, que mes membres recouvrèrent
toute leur souplesse. J'eus bientôt ressaisi l'espars en nageant,
toutefois sans pouvoir le tenir ferme. Si c'eût été un morceau
de bois plat, il se fût tenu dans la même position : hélas ! l'espars était carré, tournait sur lui-même à chaque mouvement
de la mer et roulait par-dessus moi, ce qui m'épuisa au point
de mettre un terme à mes espérances. Je le laissai plusieurs

fois aller de désespoir ; mais quand je me sentais couler au
fond, je le ressaisissais de nouveau et je le serrais avec énergie. Je remarquais que je ne m'approchais pas du rivage, mais
que la marée me poussait dans une direction presque parallèle à la côte. Prévoyant dès lors que je ne pourrais pas résister plus longtemps, j'essayai de tous les moyens pour empêcher l'espars de tourner. Je m'y étendis de tout mon long ;
je passai une jambe et un bras par-dessus, tandis que de l'autre
jambe et de l'autre bras je cherchai à la faire marcher sur le
rivage. Cela me réussit assez bien pendant quelque temps : mais
tout-à-coup une lame épouvantable vint se briser contre moi,
m'accabla de son poids et emporta l'espars. Je crus que tout
était fini, et, après quelques vains efforts, je commençais à
aller au fond, quand une autre lame me jeta en travers de l'espars que la mer, en se retirant, ramena en arrière avec une
force énorme. La secousse faillit m'ôter la respiration. Toutefois, par instinct, je me cramponnai des pieds et des mains à
l'espars, et je tournai plusieurs fois en tous sens avec lui. Le
sable et les coquillages que la houle entraînait de dessus la
plage m'écorchèrent cruellement. Alors je pensai que c'était un
signe de mon arrivée sur le rivage, quoique je ne le visse pas,
et cela me rendit un grand courage. D'autres vagues me poussèrent avec violence contre des rochers. Je les saisis fortement
des deux mains, de crainte que la lame, en revenant, ne me re-
poussât au large.

» Je n'avais sur moi, en quittant le navire, qu'un gilet de
flanelle, une moitié de chemise et une culotte longue. Afin de
ne pas être embarrassé par le gilet et la chemise qui tombaient
en morceaux, j'en avais fait un paquet attaché sur mon dos ;
les vagues me l'arrachèrent. J'avais encore ma culotte longue,
qui se trouva embarrassée dans les rochers quand la lame se
retira ; je la déchirai et j'essayai de me traîner sur les genoux
et les mains, parce que je n'aurais pu me tenir debout, étant
encore à la portée de la lame. Me trouvant donc tout nu, je
souffris beaucoup du froid et me couchai à l'abri d'un rocher,
sous lequel je m'endormis, quoique j'eusse vu plusieurs natu-

rels s'avancer vers moi. Ils m'éveillèrent aussitôt et me parlè-
rent en indou, ce qui me combla de joie, car je craignais que
nous ne fussions hors du territoire de la compagnie des Indes,
sur les terres du roi d'Ava. Ces hommes me dirent que nous
n'étions qu'à six journées de marche de Chittagong, qu'ils étaient
des rayas ou paysans de la compagnie, et qu'ils auraient soin
de moi si je voulais aller avec eux.

» Quelque misérable que fût ma condition, j'étais honteux
d'être vu sans vêtements. Ces rayas ne s'en furent pas plus tôt
aperçus, que l'un d'eux, un Birman, habitant d'Ava, détacha
son turban de sa tête, et le noua autour de ma ceinture, suivant
l'usage du pays. Quand ils virent aussi l'inutilité de mes efforts
pour me lever, il y en eut deux qui me prirent par le bras et me
portèrent. Nous rencontrâmes un petit ruisseau : je demandai
que l'on me permît d'y boire. J'avalai de l'eau aussi vite que je
pus, et je me serais certainement fait du mal, si l'on ne m'avait
empêché d'en boire davantage.

» Cette eau me ranima si fort que je pus marcher alors, en
m'appuyant sur les bras de mes conducteurs. Nous arrivâmes
bientôt à l'endroit où ces gens avaient allumé du feu. J'y trouvai le jeune garçon, les six Lascars, le canonnier et le contre-
maître indou. Les Lascars avaient gagné le rivage la veille,
comme je l'ai dit ; le canonnier, le contre-maître et le garçon
n'avaient quitté la *Junon* que bien peu de temps avant moi ;
mais nageant mieux et étant plus forts, ils avaient atteint la
plage longtemps auparavant.

» Le plaisir que j'éprouvais en retrouvant mes compagnons
sains et saufs, et en écoutant ce qu'ils me racontèrent de l'humanité de nos libérateurs, me transporta à un tel point, que je
crois que mon esprit en fut dérangé un moment. Toutefois j'étais
aiguillonné par une autre pensée, celle de manger, et j'attendais
avec impatience que l'on fît cuire du riz. Enfin j'eus le bonheur
d'en mettre dans ma bouche ; mais, hélas ! il me fut impossible
de l'avaler. Un des naturels, voyant mon embarras, me jeta de
l'eau à la figure. Il en entra dans ma bouche quelques gouttes

qui poussèrent le riz dans mon gosier et faillirent m'étrangler.
Alors l'effort que cela fit faire à mes muscles me rendit la fa-
culté d'avaler. Je fus néanmoins obligé pendant quelque temps
de prendre une gorgée d'eau avec chaque bouchée de riz.

» Je représentai bientôt aux indigènes la position dans
laquelle j'avais laissé à bord madame Bremner et d'autres
personnes, et, comme je connaissais l'influence puissante de
l'argent sur l'esprit de ces gens-là, je leur fis entendre que,
s'ils lui sauvaient la vie, elle les récompenserait libéralement.
Quelques-uns me promirent d'avoir l'œil au guet pendant la
nuit, parce que la marée, qui montait alors plus haut que dans
le jour, amènerait probablement la carcasse du navire plus près
de la côte.

» Je me sentis grand appétit à mon reveil et j'importunai
mes libérateurs pour qu'ils me donnassent encore du riz : mais
ils me dirent qu'ils n'en feraient pas cuire avant le lendemain.
Je me remis donc à dormir.

» Mais alors, vers minuit, on vint me réveiller pour m'annoncer que la dame du vaisseau était à terre, avec sa suivante.
Je me levai sur-le-champ pour aller la féliciter. Je la trouvai
assise auprès du feu après avoir mangé un peu de riz. Je n'ai
jamais vu l'expression de la joie plus fortement peinte qu'elle
l'était en ce moment sur le visage de madame Bremner. J'appris
qu'elle devait sa délivrance à l'humanité du Birman. Les naturels avaient la pensée de l'exploiter; mais le digne habitant
d'Ava ayant entendu leur complot, guetta le moment convenable, et, avec le secours d'un de ses gens, il sauva madame
Bremner sans stipuler aucun prix.

» Dans la nuit, le bâtiment se sépara en deux. Le fond resta
sur le rocher, et la partie supérieure vint si près de la plage,
que les deux vieillards, qui restaient encore à bord, purent arriver à terre, en passant à gué l'intervalle de mer. »

A quelque temps de là, les naufragés de la *Junon* étaient
rendus dans leur patrie, les uns ici, les autres là. Madame
Bremner, après avoir recouvré la santé et ses forces, fit un

nouveau mariage, et le narrateur Jean Makaï, venu à Calcutta, fut nommé capitaine d'un bâtiment marchand sur lequel il se livra de nouveau aux dangers de la mer.

NAUFRAGE DE LA FRÉGATE FRANÇAISE LA MÉDUSE,

Sur le banc d'Arguin côte occidentale de l'Afrique, en juillet 1816.

Voici venir le drame maritime le plus horrible, le plus épouvantable qui ait jamais impressionné l'imagination de l'homme et fait le plus tressaillir son âme de terreur et d'effroi.

Dans les temps anciens, sur mer, rien qui approche des horribles scènes dont fut le théâtre le radeau des naufragés de la *Méduse.*

Au moyen-âge, dans nos temps modernes, rien, heureusement, rien qui en rappelle le souvenir.

Ce mot : naufrage de la *Méduse!* à lui seul évoque ce qu'il y a de plus terrible dans ce drame, ce qu'il y a de plus varié, de plus cruel dans la mort. Tous les genres de mort s'y trouvent en effet, hélas !

Il n'est personne qui n'ait lu cette sanglante tragédie, personne qu'elle n'ait fait frémir, personne qui n'en ait rêvé personne qui ne l'ait racontée aux autres

Ce fut la triste épopée du commencement de notre XIXᵉ siècle, et, dans les âges futurs, on citera encore le naufrage de la *Méduse* comme le plus formidable désastre de mer qui ait jamais éprouvé l'homme confiant sa vie à l'élément perfide, dont cependant Dieu l'a fait maître et souverain.....

Les traités de 1814 et 1815 venaient de rendre à la France les établissements qu'elle avait possédés, avant la révolution, sur la côte occidentale de l'Afrique, depuis le cap Blanc jusqu'à l'embouchure du fleuve de la Gambie.

En conséquence, une expédition fut préparée pour conduire à Saint-Louis, au Sénégal, le nouveau gouverneur de la colonie.

M. Duroy de Chaumareys, homme sans valeur, car il n'avait que le titre de marin, sans en avoir jamais eu la pratique, fut nommé chef d'escadre, quoique ayant vieilli hors du service, et mis à la tête de l'expédition.

La flotte qu'il eut à commander, réunie dans la rade de l'île d'Aix, à Rochefort, fut composée de quatre beaux navires: la frégate la *Méduse*, la corvette l'*Echo*, le brick l'*Argus* et la gabarre la *Loire*.

La frégate, à elle seule, portait quatre cents hommes, marins, soldats et passagers.

La flotte mit à la voile le 15 juin 1816, de la rade de l'île d'Aix.

A peine en mer, un accident semble pronostiquer que la traversée ne sera pas heureuse : un homme tombe dans les flots, et malgré tous les efforts on ne parvient pas à le sauver.

Puis la *Méduse*, excellente voilière, au lieu d'attendre les navires qui lui font cortége, semble prendre à tâche de les devancer. M. de Chaumareys, en véritable enfant, mais en marin ridicule, prend à gloire d'arriver au but, et, sans souci des signaux des autres vaisseaux qui veulent lui faire comprendre qu'il s'égare, il dédaigne tout avis, fend orgueilleusement l'onde amère et s'engage étourdiment dans le golfe dangereux de Saint-Cyprien, envers et contre son lieutenant et ses officiers, qui cherchent à lui démontrer, la carte sous les yeux, que la ligne qu'il suit le conduit infailliblement sur le banc d'Arguin, réputé très difficile.

Rien ne triomphe de l'opiniâtreté du commandant : enchanté de se trouver le 1er juillet sur les côtes du Sahara, il passe le tropique, continue sa route qui le rapproche beaucoup trop de terre, sous prétexte que les vents alisés du nord-est laissent le commandant libre de sa manœuvre et que le moyen de faire une courte traversée est de serrer la plage d'aussi près que possible. A ce désir d'arriver avant les autres, se joint le sentiment de vaine gloire de paraître exempt de crainte et d'affronter le voisinage des terres avec plus de hardiesse que

n'ont coutume de faire les autres marins. Ces imprudences
devaient avoir leurs résultats.

Le croira-t-on ? Le chef d'escadre est dans une telle illusion,
que quand on passe la ligne, il veut absolument que son équipage se livre aux folies qui signalent d'ordinaire le Baptême
de la Ligne, et c'est pendant que passagers, soldats et matelots
se divertissent sur le pont, dans les costumes les plus bizarres
et sous les travestissements les plus excentriques, que soudain
un cri de terreur retentit, la frégate a touché !.. La belle
Méduse échoue, elle a échoué !...

C'en est fait ! cette rapide frégate qui tout-à-l'heure effleu-
rait à peine les vagues ; qui, après avoir marché de conserve
d'abord, au sortir des eaux de France, avec les autres navires,
les a si promptement laissés en arrière ; qui, tout-à-l'heure
encore a dédaigné les feux d'appel que lui faisait l'*Echo ;* la
Méduse est arrêtée subitement dans sa course brillante. Immobile, réduite à une fixité déplorable, la voici clouée sur un
rocher, blessée au cœur, ne pouvant plus se mouvoir et se
couchant à grand'peine sur le flanc, étendue sur le lit de douleur que l'on nomme banc d'Arguin... Le banc d'Arguin ! ne
l'avait-on pas annoncé à l'orgueilleux M. Duroy de Chaumareys...

Tout annonçait le voisinage de la terre, les poissons que l'on
pêchait par masses, les herbes épaisses que sillonnait la
frégate ; M. de Chaumareys n'a rien voulu voir. Et il faut le cri
terrible qui retentit sur le pont, le 2 juillet, à trois heures de
l'après-midi, pour enfin persuader au commandant qu'il est en
danger. Que dis-je, en danger ? que l'heure du trépas a sonné,
et que la *Méduse* est à jamais perdue !...

Qui pourra peindre la consternation, la terreur des passagers, la colère sourde des gens de l'équipage, et l'irritation
des officiers qui, tous, ont vu qu'ils couraient à leur perte ! Qui
pourra dire le désordre qui règne sur le navire, les accents de
terreur qui éclatent de toutes les cabines, et les gémissements
et les pleurs des femmes et des enfants qui s'interrogent et
s'étonnent de sentir sous eux la frégate qui talonne et semble

frapper du pied comme si elle s'impatientait d'être subitement
retenue dans sa course ? D'ordinaire, dans un naufrage, une
chose rend le courage et l'espérance à tout ce qui vit et se
meut dans les flancs du navire : c'est la voix mâle et sonore,
c'est l'énergique commandement, c'est la fière attitude de celui
qui préside aux destinées du bâtiment. Tous les yeux se fixent
sur lui, et si sa physionomie exprime la confiance, la confiance renaît dans toutes les poitrines. Mais sur la *Méduse*,
qu'attendre en fait de salut d'un homme qui a conduit à la
ruine sans la voir et sans consentir à se laisser éclairer sur
ses erreurs ? Aussi le désespoir est à son comble.

Cependant, comme pour racheter sa faute, qu'il reconnaît
trop tard, M. de Chaumareys tâche de remettre sa frégate à
flot. On tente les plus grands efforts : tout le monde fait son
devoir avec courage ; la force de l'équipage est presque dou-
blée par la présence des soldats passagers destinés à la garnison
de Gorée ; on amène donc les voiles, on dépose les mâts de
perroquet, on recale ceux de hune ; à l'aide d'ancres portées
en mer par des chaloupes et à l'aide du cabestan, les efforts
de cent hommes cherchent à soulever la *Méduse* de son rocher
et à l'arracher à son lit de douleur. Peines inutiles ! La puissance humaine est bientôt mise à bout, et vainement elle
lutte contre les vents qui gênent la manœuvre des embarcations en soulevant la mer, et contre la rapidité des courants qui
paralysent l'exécution. On ne peut arriver à ramener la frégate
sur les accores du banc où elle eût flotté de nouveau. Les canots, surchargés par les ancres, dérivent sous le vent, hors
de la direction qu'il aurait fallu suivre pour les mouiller là
où l'eût exigé le mouvement rétrograde que l'on voulait faire
exécuter au bâtiment. De sorte que, après mille essais infruc-
tueux, mille peines, mille angoisses, mille espérances déçues,
la fatigue, l'épuisement de l'équipage l'oblige au repos et le
condamne à l'inaction.

Quelle triste nuit que celle qui suit un naufrage, alors que
l'on ne sent plus les oscillations du navire ; alors que ce navire
ressemble à un cadavre dans lequel la vie s'est éteinte ; alors

qu'on entend la vague qui déferle d'une façon lugubre contre ses hanches et l'eau qui s'engouffre peu à peu dans ses profondeurs ; alors que la mort plane sur le bâtiment et menace de s'abattre dans une heure, quand les ténèbres seront tout-à-fait tombées, à l'heure fatale de minuit peut-être, peut-être au point du jour, au moment où d'ordinaire l'on revoit si volontiers l'aube et l'approche de la lumière ; alors que..... tout espoir de salut... s'est enfui...

Le soir du naufrage de la *Méduse*, il fit un temps beau et serein ; la brise souffla douce et fraîche. C'était une injure pour les naufragés ; dans une telle situation, on préférerait la tempête. Les trois quarts des gens de la *Méduse* couchèrent sur le pont, à la lueur des étoiles. Mais, vers minuit, le ciel se voila soudain, le vent commença à souffler par rafales, la mer devint grosse, l'ouragan s'agita, et la pauvre frégate, soulevée par moments, devint le point de mire du gros temps, qui la secoua avec rage sur sa couche funèbre : la *Méduse* ne fut plus alors qu'un rocher contre lequel les vagues se prirent à déferler violemment et qu'à chaque instant la lame recouvrait de ses cascades et de ses jets furieux. Tout le monde alors s'était réfugié au-dedans de la frégate ; mais là, autres horreurs : l'eau s'élevait d'étages en étages ; on l'entendait envahir progressivement toutes les parties du bâtiment, et c'était à mourir vingt fois de terreur et d'angoisses, avant d'être saisi par la véritable mort.

Cependant d'horribles tressaillements se font entendre dans les flancs caverneux de la vaste frégate ; aux tressaillements succèdent d'épouvantables craquements. Hélas ! cent fois hélas ! c'est la *Méduse* qui s'entr'ouvre : l'eau la disjoint, l'écartelle, la sépare en deux, et s'empare de tous les vides du bâtiment.

Ce sont alors de nouveaux cris d'effroi, d'affreuses clameurs, d'indicibles convulsions de terreur, des imprécations, des gémissements, des adieux, toutes les angoisses de la mort. Et le soleil se lève sur cette scène de désolation ! un soleil rouge, blafard, enveloppé de couches de nuages sinistres. Quel tableau !

On songe alors à construire un radeau. Cette idée bonne, ex-

4

cellente, est reçue avec enthousiasme. Tout chacun se met à l'œuvre. On abat les mâts, on sape les bordages, on prend partout les matériaux nécessaires. Malheureusement la discipline manque dans ce travail; l'obéissance fait défaut; le désordre s'établit à bord parce que le caractère du chef n'inspire plus le respect si nécessaire dans des circonstances aussi graves, aussi solennelles.

Toutefois, au milieu de l'épouvantable lutte de passions qui fait son arène du pont de la *Méduse*, quelques hommes généreux tentent d'assurer le salut commun, en ralliant autour d'eux les plus intrépides et en cherchant à organiser le travail. Mais on manque de cet ensemble nécessaire qui assure le succès. Il en résulte que le radeau est mal calculé dans ses proportions, mal agencé, mal assujéti, mal lié, et que l'on ne tente pas tous les efforts voulus pour l'approvisionner d'une manière convenable. Au milieu de la précipitation qui est le grand défaut de ce moment pénible, plusieurs sacs de biscuit tombent à la mer, et seront vivement regrettés quand la disette commencera à se faire sentir.

Le radeau compte soixante pieds de longueur sur vingt de largeur. Composé de toutes les pièces de bois que l'on a pu détacher du navire, mais mal disposé, nu, ce radeau semble vaste; chargé, il est de beaucoup insuffisant. Il n'a pas de mâture; il est sans voiles.

Il doit être remorqué par le canot du commandant, le grand canot, le canot du Sénégal et la yole; mais combien il retardera leur marche!

Le radeau terminé, le sauvetage s'opère.

Comme pour tout le reste, le chef d'escadre, perdu dans l'opinion même du dernier des matelots, ne sait pas exiger l'ordre nécessaire, indispensable dans un pareil moment. Il tolère même l'égoïsme qui se produit de la part de ceux qui doivent donner des preuves d'abnégation. Pendant que la foule descend en hâte de la *Méduse*, et dans un affreux pêle-mêle se glisse le long des cordes, sautant des bastingages, et, en un mot, se précipite de tous les points dans les embarcations, pas un mot n'est proféré pour comprimer ce désordre.

Alors le gouverneur et sa famille prennent place dans le grand canot, qu'occupent aussi trente-cinq personnes du bord.

Le canot du commandant reçoit vingt naufragés.

Quarante-deux autres personnes, officiers de terre et de mer, prennent possession du canot major.

Le canot dit du Sénégal en reçoit vingt-cinq;

La chaloupe, misérable embarcation, donne place à quatre-vingt-huit matelots;

Et enfin la yole est occupée par le secrétaire du gouverneur et les siens.

Le reste, c'est-à-dire cent cinquante-deux passagers et soldats, auxquels on enlève leurs fusils, s'établissent sur le radeau. Mais, naturellement et par peur, la masse de ces gens s'agglomère au centre de ce radeau; ils s'y entassent sur des morceaux de bois: beaucoup, tombant à chaque instant dans les intervalles vides, ont de l'eau jusqu'à la ceinture. Il est du reste impossible de s'asseoir et de se coucher.

Quelques matelots et passagers, au nombre de dix-sept, effrayés de l'inhabileté de leurs chefs, préférèrent rester sur le navire échoué plutôt que de se confier au radeau déjà trop chargé. Leurs camarades et amis leur promettent toutefois de leur envoyer du secours du Sénégal, aussitôt qu'ils y seront parvenus. En attendant, ces infortunés vont vivre comme jadis les moines dans leur monastère, chacun dans sa cellule.

Aussitôt commence la voie douloureuse de cette lugubre caravane d'embarcations livrées au caprice des flots.

Les embarcations, remorquant le radeau, s'éloignent de la Méduse. Tous les cœurs sont serrés. Cette Méduse était si fringante, si vaillante naguère! Entre d'autres mains, elle serait entrée si triomphalement dans les ports du Sénégal! Et voici qu'on l'abandonne comme une carcasse de baleine échouée. Il est sept heures du matin, le 5 juillet, lorsqu'on la perd de vue. Le drapeau blanc de la France flotte sur son mât d'artimon, c'est le drapeau de la patrie... La reverra-t-on jamais? Aussi

quel découragement ces pensées ne font-elles pas naître dans
les âmes ? Il semble, en disant adieu à la frégate déchirée, dé-
pecée, rasée comme un ponton, que c'est à la patrie même que
l'on dit adieu, car la *Méduse* c'était la patrie pour les naufragés.
Néanmoins, au moment où le squelette de la frégate, sur les
agrès de laquelle on voit courir comme des ombres errantes
les matelots et passagers qui ont mieux aimé en faire leur
tombeau peut-être que s'exposer aux horreurs d'une navigation périlleuse sur le radeau, s'efface dans la brume, il sort de
toutes les poitrines un cri national que la mer laisse sans échos :

— Vive le roi !

On est parti : on vogue lentement, péniblement. Le soleil est
terne, lourd. Il y a quelque chose dans l'air qui est triste, comme
les réflexions des âmes.

Le radeau est commandé par M. Coudein, aspirant de première classe.

D'abord trois canots le remorquaient : le canot major, le
grand canot, et le canot du Sénégal. Mais successivement ces
deux derniers larguèrent les amarres qui les retenaient au canot
major. Le radeau, dès lors, n'eut donc plus qu'un seul canot
pour remorqueur.

La nuit venue, la mer grossit et bientôt semble vouloir se
livrer à ses fureurs des nuits précédentes. On se décide alors
à mouiller. L'espérance est rentrée quelque peu dans les cœurs,
car au coucher du soleil on a entrevu les côtes de l'Afrique ;
vers minuit, en outre, les vagues se calment, et la lune se
montre au firmament. On peut sommeiller dans les canots :
mais, ceux qui sont debout sur le radeau, peuvent-ils bien dormir ? Eh bien ! la fatigue, une extrême prostration ferme les
yeux de quelques-uns, et pendant qu'ils sont plongés dans l'eau
de la mer jusqu'aux genoux, leur tête malade, assoupie par
la faiblesse, rêve peut-être de revoir dans les brumes de l'illusion la patrie absente.....

Hélas ! au petit jour, quelle ne fut pas la stupeur des infortunés navigateurs du radeau, lorsqu'ils s'aperçoivent que.....
les canots ont coupé les amarres avec lesquelles ils remorquaient

la lourde embarcation, et qu'ils se sont enfuis! Jamais plume ne pourra rendre le désespoir et la colère qui s'emparent de ces cent cinquante-deux victimes de l'humaine lâcheté dont on se rendait coupable vis-à-vis d'eux. Leur malheur était d'autant plus grand, que l'on ne découvrait plus la terre aperçue la veille. Mais ce fut en vain qu'ils firent entendre des cris de vengeance et de découragement : que pouvaient contre les éléments les cris de ces cent cinquante-deux infortunés?

Pour s'orienter et se guider sur l'Océan, nos malheureux délaissés eurent d'abord le secours d'une boussole trouvée entre les mains d'un matelot; mais bientôt ils la laissèrent tomber entre les pièces de bois du radeau, et il fut impossible de la retrouver. Le lever et le coucher du soleil eussent été les seuls moyens de diriger leur marche, si on avait pu diriger l'énorme masse du radeau sans avirons et sans voiles.

La première journée de navigation se passa assez tranquillement; un des officiers parvint à disposer une voile qui imprima quelque mouvement de marche à l'embarcation. Mais la nuit fut cruelle, car la mer se fit très grosse et le radeau fut horriblement agité. Ceux qui n'avaient pas l'habitude de la navigation ne purent se tenir debout, quelques-uns durent s'attacher aux bois du radeau, pour éviter de tomber. Cela n'empêcha pas que, au jour, on trouva dix ou douze infortunés qui étaient à l'état de cadavres, cadavres engagés, après des luttes sans nom, entre les pièces de bois qui formaient le fond de l'embarcation. D'autres avaient été enlevés par les flots et submergés.

Cependant deux embarcations gagnaient le Sénégal sans accident; ce furent celles que montaient le gouverneur de la colonie et le commandant de l'escadre. Leurs deux canots arrivèrent le 9 juillet, vers dix heures du soir, à bord de la corvette l'*Echo*, qui, depuis plusieurs jours, était en rade de Saint-Louis.

Un conseil fut tenu sur-le-champ; on y fit choix des moyens les plus prompts et les plus sûrs pour porter des secours aux naufragés abandonnés dans les embarcations, sur le radeau et même sur la carcasse de la frégate.

La chaloupe chargée de quatre-vingt-huit matelots, encombrée, mal jointe et par conséquent faisant eau, n'avait pu se servir de ses avirons; ses voiles n'avaient pu être utilisées, car à un vent assez frais avaient succédé des calmes persévérants. Les courants, qui, sur cette côte, sont d'une grande force, la firent rapidement dériver vers la terre. Une partie des hommes qui s'y trouvaient désirèrent débarquer plutôt que de continuer une navigation aussi incertaine. On mit donc à terre soixante-trois hommes ; et on leur donna des armes et le plus de biscuit qu'on put. Ce débarquement eut lieu dans le nord du cap Mirick, à quatre-vingt-dix lieues de l'île Saint-Louis. Les débarqués, après toutes sortes de malheurs, arrivèrent enfin au lieu de leur destination.

La chaloupe reprit ensuite le large et rejoignit une heure après les autres embarcations. Mais l'équipage, tourmenté par la soif, se décida enfin, le 8, à se jeter à la côte. Le canot major et le canot du Sénégal avaient été forcés aussi de prendre ce parti. Ils furent imités par un autre canot qui avait suivi de près la chaloupe et par la yole. On était alors à quarante lieues de Saint-Louis. Tous ceux qui faisaient partie de ces diverses embarcations, et qui avaient ainsi gagné la côte, se réunirent en une petite caravane, qui se mit en route pour rejoindre le Sénégal. En traversant le désert, ils eurent beaucoup à souffrir de la fatigue, de la chaleur, de l'avarice et de la perfidie des Maures, aussi bien que de la disette des vivres. Il est probable qu'ils auraient succombé à tant de maux, s'ils n'avaient été rencontrés par l'*Argus*, qui les aperçut sur la côte, et leur envoya des secours. Ils furent ensuite rejoints par des Anglais, qui avaient envoyé à leur rencontre, par terre, avec des chameaux, des subsistances et tout ce qui était nécessaire pour continuer leur route. Ils arrivèrent enfin, le 12, à Saint-Louis, à sept heures du soir, sans aucun accident et sans avoir perdu aucun des leurs.

Mais revenons à ceux qui se trouvaient abandonnés sur le fatal radeau.

Lorsqu'ils eurent perdu de vue les embarcations, ils furent

frappés de stupeur, et leur désespoir s'exhala en imprécations contre ceux qui les abandonnaient. Nous avons vu comment ils passèrent leur première journée et la nuit cruelle qui la suivit. Il y eut un matelot et des mousses qui, voulant éviter promptement une position aussi navrante, firent leurs adieux à leurs compagnons et se précipitèrent dans l'Océan, qui les engloutit.

Toutefois, la nécessité établit un peu de calme et de subordination. Un ordre fut établi pour la distribution du peu de vivres qu'il y avait; mais le biscuit, mouillé d'eau de mer, fut dévoré en un seul jour.

La seconde nuit passée sur le radeau fut encore plus terrible que la première. Les vagues venaient à chaque instant ensevelir les naufragés; elles les secouaient, les agitaient, et malheur à ceux qui ne se cramponnaient pas à temps à quelques pièces de bois : ils étaient froissés les uns contre les autres, ils tombaient entre les intervalles des pièces mal jointes qui composaient le radeau, et souvent étaient précipités dans l'abîme. Tous ceux qui ne pouvaient se tenir au centre de l'embarcation étaient inévitablement entraînés : aussi, dans la presse qui se faisait autour d'une sorte de mât, beaucoup périrent étouffés. Le lendemain, à l'heure de la distribution des vivres, on s'aperçut que vingt hommes étaient en moins sur le radeau.

Pour mieux braver les approches de la mort, les soldats et les matelots cherchaient souvent dans le vin et l'eau-de-vie le courage qui les avait abandonnés. Quelques-uns résolurent même d'adoucir leurs derniers moments en buvant jusqu'à perdre la raison. Ils firent un trou au tonneau de vin, qui se trouvait un peu en arrière du groupe principal, sans que les officiers, qui partageaient leur découragement, les en empêchassent, et, avec de petits gobelets de fer blanc qu'ils avaient sauvés, ils burent à outrance. Toutefois, l'eau de la mer pénétrant par le trou qu'ils avaient pratiqué, les força de s'arrêter assez promptement : mais les fumées du vin ne tardèrent pas à porter le désordre dans ces cerveaux déjà affaiblis par des fatigues sans relâche, par la crainte de la mort, et par le défaut

d'aliments. Devenus sourds à la voix de la raison, ils com-
plotèrent de détruire le radeau, en coupant les amarrages, et
de s'engloutir ainsi dans les flots avec leurs compagnons d'infortune. Ils manifestèrent hautement l'intention de se défaire
de leurs chefs, qui pouvaient s'opposer à leur dessein. Les sabres furent tirés à l'instant, et une bataille commença sur cet
étrange théâtre de guerre. Les soldats et les matelots ivres se
précipitèrent avec furie sur les officiers et les passagers qui
n'étaient qu'au nombre de vingt, mais forts parce qu'ils étaient
de sang-froid. Aussi ces derniers remportèrent-ils la victoire.
Le carnage fut épouvantable; soixante soldats périrent; les autres obtinrent leur pardon.

Cette lutte fratricide, dans les ténèbres, sur un sol balayé
par la lame, au souffle du vent faisant à chaque instant chavirer le radeau, étroit champ de bataille de vingt pieds carrés
au-delà duquel était l'abîme béant, eut quelque chose d'horrible qui se sent et ne peut se dire. Ce fut un combat inouï, où
les sabres, les couteaux, les haches firent leur œuvre de destruction d'une façon meurtrière; où, quand les armes furent
tombées des mains, on se saisit corps à corps, on s'accula jusqu'au dernier soliveau du trop mobile plancher; où l'on s'enfonça les ongles dans les yeux, où l'on se mordit, où l'on se
déchira, où l'on s'étouffa dans de féroces étreintes...

Ce qu'il y eut de plus terrible encore, c'est qu'aussitôt que
l'exemple eut été donné, on ne s'arrêta plus. Nombre des hommes resserrés dans cet espace étroit étaient le rebut de la
société, déjà flétris par elle et marqués du fer réprobateur. La
position exceptionnelle où ils se trouvaient donnait un libre
essor à leurs affreux penchants. Ceux qui dans tous les temps
devaient avoir le droit de leur commander, se trouvaient en
quelque sorte à leur merci. En les sacrifiant, ils se procu-
raient, avant de mourir, la jouissance infernale de faire le mal
impunément. Ils se révoltèrent donc et fondirent de nouveau
sur les officiers et passagers qui, connaissant leur dessein,
s'étaient retirés à l'autre extrémité du radeau. Ceux-ci, mieux
avisés et forts de la justice de leur cause, se défendirent avec

courage, repoussèrent leurs ennemis, jonchèrent le radeau de cadavres et les précipitèrent dans les flots.

Mais alors la faim, le peu de provisions qui restaient, devinrent, entre ceux qui survécurent, d'autres et continuelles causes de désordres et d'hostilités.

L'exaspération et la fureur, causés par tant de souffrances, anéantirent dans ces malheureux naufragés tout sentiment d'humanité. La plume se refuse à dire ce qui va suivre. Exténués par un long jeûne, auquel les vagues de la mer, jaillissant constamment sur leurs sanglantes blessures, faisaient pousser à chaque instant des cris de douleur, ces infortunés en vinrent, pour prolonger de quelques heures une aussi triste existence, jusqu'à se nourrir de la chair de leurs compagnons qu'ils avaient tués. Oui, ils coupèrent par tranches p.ns.eurs cadavres dont le radeau était couvert. Les plus affamés dévorèrent ces viandes crues, que les officiers refusèrent de goûter. Ces derniers préférèrent essayer de ronger le cuir de leurs chapeaux, de leurs baudriers et des gibernes.

Puis..... ils burent leur urine afin d'apaiser le tourment de la soif qui les dévorait.

Un petit citron trouvé par hasard, quelques gousses d'ail, une petite fiole d'alcool, un mince flacon d'essence de rose, furent des mets exquis que les officiers se partagèrent entre eux.

Plusieurs matelots et soldats, auxquels on avait pardonné leur première tentative, voulant accaparer l'argent et les bijoux des officiers que l'on avait mis en commun dans un sac pendu au tronçon du mât du centre du radeau, formèrent une nouvelle conspiration. Un troisième combat s'engagea ; le radeau fut encore une fois jonché de cadavres, et, comme toujours, la victoire resta aux officiers.

Ainsi la mort régnait en maîtresse souveraine sur ces planches du radeau.

De cent cinquante-deux qui avaient été embarqués sur le radeau, il n'en resta bientôt plus que trente, car par combien de tragédies, par combien d'épisodes ne fut pas signalée cette

navigation livrée au souffle du vent, abandonnée à la fantaisie
des lames ! Qui pourrait jamais raconter, sans faire frissonner
d'horreur, les calamités sans nombre qui assaillirent les héros
de ce drame, les scènes de meurtres, les suicides, les angoisses
inimaginables, les tourments et les tortures de la faim, de la
soif, des blessures, l'épouvantable supplice d'une chaleur tor-
réfiante combinant ses aiguillons avec les morsures non moins
aiguës de l'eau de mer sur ces membres dévorés par le scor-
but, rongés par la souffrance d'une onde amère les engloutis-
sant sans fin, brûlés, carbonisés par le climat ?

Oui, après six jours passés ainsi sur cet affreux radeau,
trente hommes restaient seulement sur cent cinquante-deux...
Et quels hommes ! l'eau de la mer leur avait enlevé la peau
des pieds et des jambes ; ils étaient noirs de coups de soleil
et brûlés par les vents dévorants d'une zone torride ; ils étaient
couverts des blessures des combats et des contusions que leur
causaient des chutes perpétuelles sur le radeau ; leurs vêtements
ne tenaient plus sur eux, et la nudité se montrait partout...

Puis, sur ces trente, deux ayant été surpris buvant en fraude,
avec un chalumeau, du vin de la seule barrique qui restait,
furent jetés à la mer.....

Puis, un jeune élève de marine, enfant de douze ans, l'objet
de la tendresse et des soins de tout l'équipage, par sa figure
angélique, la douceur de sa voix, son excellent caractère et
son courage, s'éteignit comme une lampe qui cesse de brûler
faute d'aliment.

Le nombre de ceux qui restaient se trouvait donc réduit à
vingt-sept. Mais comme sur ces vingt-sept il était quinze misérables, que les souffrances avaient privés de raison et qui
étaient devenus fous, et que néanmoins ils avaient part aux
distributions de vin, et pouvaient, avant leur mort, consommer trente ou quarante bouteilles de vin qui étaient d'un prix
inestimable en de telles conjonctures, on délibéra. Le résultat de
cette exécrable délibération fut que les quinze plus faibles seraient jetés à l'eau par les plus forts : ce qui fut exécuté.....

Dans le nombre de ces victimes se trouvait une cantinière

et son mari. Cette femme s'était associée, pendant vingt ans,
aux glorieuses fatigues de nos troupes, sous le règne de Napoléon Ier; elle avait porté d'utiles secours et de douces conso-
lations aux braves de nos armées, sur tous les champs de bataille de l'Europe. Déjà l'infortunée avait failli se noyer trois
fois en tombant du radeau dans la mer, et trois fois elle avait
été sauvée par des officiers ou quelque passager; mais enfin,
ce ne fut plus une chute qui la fit périr dans l'abîme; ce furent
les mains des mêmes officiers, tant de fois ses sauveurs, qui
la livrèrent à la mort, en la jetant au fond des eaux.

N'oublions pas de dire qu'un des spectacles hideux du radeau, était celui de légions innombrables de requins avides qui
accouraient en foule et qui se pressaient autour en attendant
la proie que chaque heure leur donnait. Affranchis par la certitude de ne pas manquer de vivres, que la mort leur envoyait
trop régulièrement, ils étaient là formant des bancs pressés à
l'arrière de la frêle embarcation et au même niveau qu'elle.
On voyait leur grande nageoire dorsale pointer au-dessus de
l'eau comme la vergue d'une voile de perroquet, ou fendre
la mer ainsi qu'une lame d'acier, plonger un instant et repa-
raître en se rapprochant toujours desmalheureux qu'ils étaient
assurés de saisir. D'après le nombre des nageoires que l'on
pouvait distinguer, il était facile de reconnaître que plusieurs
centaines de ces monstres entouraient le radeau; plus on regardait la mer, plus on distinguait de ces voraces animaux dont
la quantité s'accroissait à chaque minute sur les côtés du radeau; ils s'avançaient par groupes de deux ou trois, côte à
côte, ainsi que des bœufs attelés au même joug: leur audace
augmentait à chaque instant. Quand il y avait un certain temps
qu'un cadavre n'avait été jeté à la mer, les requins approchaient de plus en plus des pièces de bois qui portaient les
naufragés, et semblaient réclamer leur proie. Tombait-elle
en effet dans les vagues, aussitôt cette foule affamée se préci-
pitait avec une fureur indescriptible, et pour le partager, s'enlever, se déchirer le corps, vivant ou mort, c'était une lutte
effroyable, un inimaginable tourbillon, une trombe vivante

qui se disputait le mort... Mais où la curée fut opulente pour
ces terribles bêtes, ce fut quand on poussa dans les flots les
quinze malheureux fous, et la cantinière dont nous avons
parlé !..... Ici, la plume se refuse à rendre l'horreur de la
scène.....

Un jour, vers midi, l'un des naufragés vit un papillon blanc
qui voltigeait autour du tronçon du mât... Ce fut un cri de joie
générale... Un papillon ! un papillon sur la mer ! Mais on n'était
donc pas loin de la terre ? A cette pensée, une lueur d'espoir
pénétra dans ces poitrines si désolées... Mais le papillon était
là, voltigeant, et toute autre chose disparut devant le désir de
s'en emparer pour..... le manger. Oui, des regards et des mains
faméliques se dressaient vers l'innocent insecte pour le saisir
et le dévorer, lui, symbole d'espérance et de bonheur !... Déjà
une lutte commençait, de la dispute on allait en venir aux
coups : ne s'agissait-il pas d'un papillon ! Quel mets ! C'est égal,
on allait se battre pour cette proie, quand le papillon s'envola
et disparut.

Hélas ! la nature nous fait trouver quelquefois dans l'excès
de nos maux un soulagement inespéré : pour les naufragés de
la *Méduse*, ce soulagement fut une sorte de fièvre chaude, une
aliénation passagère de l'esprit, une absence de raison enlevant
temporairement le sentiment de la situation. Ainsi advint-il
que plusieurs de nos infortunées victimes furent en proie à des
illusions trompeuses. C'est pendant la nuit que cette sorte de
fièvre, que l'on nomme *calenture*, s'empare de celui qu'un
jeûne prolongé a jeté dans un affreux état de faiblesse. Il
s'éveille entièrement privé de raison ; son regard étincelle, il
s'échappe de sa couche, et croit voir autour de lui les forêts
les plus belles, les prairies les mieux émaillées, les aliments
et les fruits les plus délicieux. Cette erreur le réjouit ; sa joie
se produit au-dehors par des rires, des causeries, des applan-
dissements à l'adresse des choses qu'il voit et qu'il admire.
Lorsque cette maladie affecte un marin, il monte sur le pont,
il témoigne le plus ardent désir de se jeter à la mer, parce
qu'il lui semble que c'est dans un pré qu'il met le pied. M. Cor-

réard, par exemple, un de nos naufragés, croyait parcourir les plus belles campagnes de l'Italie. Plusieurs de ses compagnons, dans leur délire, se persuadaient être encore sur la frégate, voguant à toutes voiles; et d'autres s'imaginaient voir des navires sur la surface des vagues et les appelaient à leur secours.

M. Brédif, un autre naufragé, embarqué sur la chaloupe, raconte ainsi la vision que lui donnait la calenture:

« La lune étant couchée, excédé de besoin, de fatigue et de sommeil, je cède à mon accablement, et je m'endors malgré les vagues prêtes à nous engloutir. Les Alpes et leurs sites pittoresques se présentent à ma pensée; je jouis de la fraîcheur de l'ombrage, je me rappelle les délicieux moments que j'y ai passés; le souvenir de ma bonne sœur fuyant avec moi, dans les bois de Kaiserlautern; les Cosaques qui s'étaient emparés de l'établissement des mines, sont à la fois présents à mon esprit. Ma tête était penchée au-dessus de la mer; le bruit des flots qui se brisent contre notre frêle barque produit sur mes sens l'effet d'un torrent qui se précipite du haut des montagnes; je crois m'y plonger tout entier. Tout-à-coup je me réveillai; ma tête se releva douloureusement; je décollai mes lèvres ulcérées et ma langue desséchée n'y trouva qu'une croûte amère de sel, au lieu de cette eau que j'avais vue dans mon rêve. Le moment fut affreux et mon désespoir extrême. »

Enfin, le 17 juillet, au matin, comme le soleil dévorant annonçait une brillante journée, les quelques naufragés qui restaient étendirent une longue toile en forme de tente et se mirent à l'abri sous ses plis. Ils y étaient à peine depuis quelques minutes, lorsqu'un artilleur, retournant un instant au grand air, rentra subitement sous la toile, en s'écriant:

— Une voile! une voile!

En effet, c'était un navire qui se montrait à l'horizon.

La joie de tous fut extrême. Mais, ô fatalité! le radeau n'a pas d'élévation et ne pourra être vu en pleine mer. En effet, hélas! les naufragés ont beau agiter leurs mouchoirs, les lambeaux de leurs vêtements, et pousser autant de cris que leur permettent leurs forces, afin d'attirer l'attention des navigateurs, peine inutile ! le navire s'éloigne et bientôt est hors de vue.....

L'espérance avait un instant ranimé le courage de nos infortunés ; mais cette fois leur désespoir est au comble.

Ils se croient perdus pour jamais !

Toutefois, les naufragés ont cru reconnaître l'*Argus*, ce brick qui avait quitté Rochefort en même temps que la *Méduse* et avec la même destination.

— Puisse l'*Argus* avoir pour nous des yeux d'argus ! dit un des officiers, toujours français par l'esprit, malgré le malheur. Car, c'est chose à dire aussi, nonobstant les indescriptibles calamités qui pèsent sur eux depuis bon nombre de jours, il s'est trouvé des hommes, assez maîtres d'eux-mêmes et assez supérieurs aux souffrances, pour chercher par leur gaîté, leurs causeries, leurs contes, leurs récits imaginés tout exprès, à distraire ceux qui les entourent et qui souffrent, et à les tirer de leur marasme physique, en occupant leur imagination et leurs pensées de choses riantes et agréables.

Donc, à la disparition du navire, les naufragés s'étaient crus perdus à tout jamais.

Mais la Providence veillait sur eux !

Deux heures s'étaient écoulées depuis que le vaisseau, un moment entrevu, s'était effacé dans la brume de mer, deux heures d'angoisses et de douleur ! lorsqu'un homme, se redressant avec effort sous la tente, passe la tête à l'air et regarde. Alors, l'œil fixe, le bras tendu vers l'horizon, haletant, convulsif, cet homme pouvant à peine parler, dit de nouveau :

— Là-bas, un navire ! Là-bas, un navire !

Tous regardent, et voient en effet un navire qui approche.

C'était l'*Argus*, c'était le brick envoyé du Sénégal à la recherche des naufragés, et qui, après les avoir inutilement cherchés depuis plusieurs jours, désespérait presque de les rencontrer.

A la vue du vaisseau libérateur, qu'on juge de la joie, des transports des malheureux qui allaient périr. Ils se hissaient les uns sur les autres, ils nouaient ensemble leurs mouchoirs pour en faire des signaux de reconnaissance, ils voulaient se jeter à la mer, ils battaient des mains, ils s'embrassaient, ils pleuraient en criant de toutes les forces de leurs poumons epuisés.

Car ce n'étaient plus des hommes vivants, ces infortunés, c'étaient des cadavres auxquels on aurait enlevé l'épiderme, et qui se trouvaient écorchés à vif par l'eau de mer.....

L'*Argus* approcha, et ses matelots rangés sur le bastingage répondirent à l'appel des naufragés par des hurras multipliés.

Ce fut alors un étrange spectacle.

Ces treize corps d'hommes défigurés, à peu près nus, excoriés par les coups et le soleil, amaigris, hâves, furent hissés un à un à bord du brick, où les soins les plus empressés leur furent donnés. De très bon bouillon avait été préparé à bord de l'*Argus*, on y mêla un peu de vin, et cela fit un excellent cordial qui ranima un peu les forces des naufragés. On pansa leurs blessures, et il se trouva parmi ces hommes des constitutions si heureuses, que, le lendemain, plusieurs furent en état de marcher. Mais il n'en fut pas de même pour tous, car ces bons soins furent impuissants à sauver quelques-uns de nos infortunés héros. Six moururent après quelques jours de souffrance, et sept seulement survécurent.....

Après la découverte du radeau, on dut se préoccuper de la recherche des canots qui n'étaient pas arrivés à Saint-Louis, en même temps que le gouverneur. La position des naufragés dans ces embarcations, encombrées de monde, et où par conséquent peu de vivres avaient été embarqués, devait être fort triste également.

Ensuite on dut songer à délivrer de leur prison ceux des matelots, soldats et passagers, au nombre de dix-sept, qui étaient restés sur la *Méduse*, n'ayant pas trouvé ou ayant refusé place sur le radeau. Ces hommes étaient les moins à plaindre, car si la mer n'avait pas encore démoli la frégate, il était naturel de croire que les dix-sept malheureux qui avaient persisté à y attendre des secours, y avaient facilement subsisté des barils de salaisons qui s'y trouvaient en grande quantité.

En outre, une somme de cent mille francs, — que du reste
on n'a jamais retrouvée, — ayant été embarquée pour les besoins de la colonie, on se décida, quoique tard, pour satisfaire
aux devoirs de l'humanité, à envoyer une goëlette sur le lieu
du naufrage. Elle était chargée de secourir les hommes qui
devaient s'y trouver et de faire plonger dans l'intérieur du bâtiment, afin d'y découvrir l'argent qui y avait été déposé.

Cette goëlette, partie le 26 juillet, mais ayant été contrariée
par des vents alisés d'une grande force, gagna si peu au vent,
que huit jours après elle fut obligée de relâcher. Elle partit de
nouveau et éprouva au large un coup de vent assez fort pour
que ses voiles en aient été endommagées. Il fallut donc encore
revenir au point de départ, après quinze jours de navigation
complètement inutile. Enfin, la goëlette repartit une troisième
fois, et atteignit la *Méduse* cinquante-deux jours après son abandon.

Les dix-sept personnes qui étaient restées sur cette frégate
avaient rassemblé tous les vivres qu'elles avaient pu parvenir
à extraire de la cale du bâtiment. Tant que les provisions durè-
rent, la paix régna parmi elles. Mais quarante-deux jours s'écoulèrent sans qu'elles vissent paraître les secours qu'on leur avait
promis en partant. Alors, douze des plus impatients de ces
hommes, et en même temps des plus courageux, se voyant à
la veille de manquer de tout, résolurent de gagner la terre. Ils
construisirent un radeau avec différentes pièces de bois qui
provenaient de la frégate : hélas ! ils furent victimes de leur
témérité, car les restes de leur radeau, qui furent trouvés sur
la côte du désert de Sahara, par les Maures, sujets du roi de
Zaïde, ne laissèrent plus aucun doute sur leur fin déplorable.

Un matelot, qui s'était refusé à s'embarquer sur ce radeau,
voulut aussi gagner terre quelques jours après le départ de
celui-ci ; il se mit dans une cage à poules, et, à une demi-
encâblure de la frégate, le malheureux fut submergé.

Au reste, si ces infortunés n'eussent point péri dans les flots,
il est certain qu'ils eussent tous succombé aux horribles tourments de la faim.

Les quatre naufragés qui restèrent sur la *Méduse* se décidèrent à mourir plutôt que d'affronter des dangers qui leur semblaient insurmontables.

Un de ces quatre abandonnés venait de mourir quand la goëlette arriva.

Les trois autres étaient très faibles, et, deux jours plus tard, on n'aurait trouvé que leurs cadavres. Ils occupaient chacun un endroit séparé, et n'en sortaient que pour aller chercher des vivres, qui, dans les derniers jours, ne consistaient qu'en un peu de suif, de lard salé et d'eau-de-vie. Quand ils se rencontraient, ils couraient les uns sur les autres et se menaçaient de coups de couteau. Tant que le vin avait duré, ainsi que d'autres provisions, ils s'étaient parfaitement soutenus ; mais, dès qu'ils eurent été réduits à l'eau-de-vie pour boisson, ils s'étaient affaiblis de jour en jour.

Enfin, ils se trouvèrent réunis à tous les infortunés échappés aux mêmes désastres, lorsqu'on les eut heureusement transportés à l'île Saint-Louis.

Ainsi qu'il a été dit plus haut, soixante hommes avaient débarqué, et pris terre à huit lieues au nord des Mottes d'Angel.

Ils conférèrent le commandement de leur caravane à un adjudant sous-officier, nommé Petit, jeune homme de vingt-huit ans, ferme et intelligent. Avant de se mettre en route, on fit l'appel : hélas ! sur soixante individus qui avaient débarqué, il ne s'en trouvait déjà plus que cinquante-sept.

Six d'entre eux, en arrivant à terre, s'étaient écartés de leurs compagnons d'infortune. De ce nombre était le naturaliste Kummer, qui s'était éloigné dans l'espoir que les Maures lui donneraient de quoi satisfaire sa faim et sa soif.

Les cinquante-sept malheureux se mirent en marche. Le soleil était brûlant, et fatalement ils ne trouvèrent ni abris pour se reposer, ni sources pour étancher leur soif. Le soir, ils atteignirent trois collines de sable, — les Mottes d'Angel, — situées sur le bord de la mer. Ils y rencontrèrent quelques cabanes inhabitées, où l'on avait laissé de nombreux débris de sauterelles, restes de quelque repas.

Le 7, vers deux heures du matin, la caravane, profitant de la fraîcheur de la nuit, se mit en route. Quelques hommes voulurent étancher leur soif en buvant de l'eau de mer, mais elle leur causa d'horribles coliques, et des vomissements violents. D'autres burent de l'urine, mais cette triste ressource fut bientôt épuisée. Enfin, il y en eut qui eurent l'idée de creuser de petits puits au bord de la mer, ce qui leur procura une eau bourbeuse, mais moins salée, moins nuisible que celle de l'Océan. Malgré ce secours, la plupart désiraient que les Maures vinssent les réduire en esclavage. On ne trouva ni plantes ni animal qu'on pût manger, excepté des crabes, dont la chair, lorsqu'elle est mangée crue, donne de fortes et violentes coliques.

La troisième nuit se passa comme la précédente. Seulement on entendit siffler beaucoup de serpents, qui troublèrent souvent les rêves enchanteurs de ces malheureux étendus sur le sable, et dormant du sommeil de la fièvre. A deux heures du matin, on se remit encore en marche. Cette journée fut une des plus cruelles que nos Français passèrent sur ces côtes. La femme d'un caporal, exténuée de fatigue, se laissa tomber par terre, et déclara qu'elle ne pouvait aller plus loin. Son mari, désespéré, chercha à réveiller son courage en l'effrayant. Il menaça de la tuer, car il tira son sabre sur elle :

— Frappe! dit-elle, au moins je cesserai de souffrir!

L'infortuné la traîna auprès d'une mare salée, où il eut la douleur de la voir expirer.

La caravane passa la nuit en ce lieu, et son repos y fut troublé par le cri des oiseaux, l'agitation des reptiles et le rugissement des lions.

Le 10, la moitié de la caravane ne put se relever. Des douleurs aiguës, accompagnées d'étourdissements, paralysaient ces malheureux. Ils demandaient, comme une faveur, qu'on les fusillât... La chaleur du soleil, en les réchauffant, leur rendit l'usage de leurs membres.

Pendant la nuit suivante, qui était la onzième passée dans le désert, le délire s'empara de toutes les têtes. Ils s'expliquaient

entre eux par signes, car leur langue desséchée ne leur permettait plus de parler. L'un d'eux imagina de couper le bout de
ses doigts pour en sucer le sang, et plusieurs l'imitèrent ; mais
cet expédient n'empêcha pas quelques-uns de succomber pendant le cours même de cette nuit.

Le 11, vers deux heures du matin, l'adjudant Petit venait
de se mettre en route avec l'avant-garde, lorsqu'ils découvrirent des cabanes d'où s'élancèrent aussitôt une quarantaine de
Maures armés de poignards. Ces barbares s'emparèrent de la
troupe ; mais l'adjudant Petit leur échappa et rejoignit le gros
de la caravane. Il proposait alors des moyens de défense, lorsqu'une voix s'écria :

— Eh bien ! les Maures nous donneront à boire !

En même temps, celui qui parlait montra du doigt les Afri-
cains qui s'approchaient comme une meute cherchant curée.
En un clin d'œil, les naufragés furent dépouillés de leurs vêtements. Sans force pour résister, ils se prêtaient eux-mêmes à
cette honteuse spoliation, en suppliant qu'on leur donnât un
peu d'eau ou de millet. Enfin, on les conduisit à un marigot,
où ils burent à leur aise d'une eau amère et couverte de
mousse, que leur estomac affaibli rejetait presque aussitôt
après l'avoir bue.

Le chef de ces brigands prit la main de l'adjudant Petit et le
fit asseoir auprès de lui. Il voulait savoir le pays des naufragés,
d'où ils venaient, où ils allaient, comment ils étaient parvenus
à la côte, ce que contenait le vaisseau et ce qu'il était devenu.
Pendant cette interrogation, les femmes, de hideuses mégères,
partageaient le butin, les guerriers dansaient et poussaient des
cris par lesquels ils témoignaient leur allégresse.

Ce chef maure consentit à conduire les naufragés au Sénégal,
à condition qu'on lui donnerait des toiles de Guinée, de la
poudre, des fusils et du tabac. Il leur fit distribuer un peu de
poisson et donna le signal du départ.

Le 12, après quelques heures de marche, on rencontra une
seconde bande de Maures beaucoup plus forte que celle qui

conduisait les naufragés. Celle-ci voulut résister et fut vaincue; son chef fut renvoyé avec la barbe et les cheveux rasés.

Hamil était le nom du vainqueur.

— Je suis, dit-il en mauvais anglais, le prince des Maures pêcheurs et votre maître ; vous allez être conduits à mon camp...

On y arriva le soir, mais on n'y trouva, au milieu de quelques chétives cabanes, que des femmes et des enfants laissés à la garde des troupeaux ; on n'eut pour boisson que de l'eau bourbeuse et amère, et pour nourriture des crabes crus et des racines filandreuses. On contraignit les captifs à arracher des racines, à panser les bestiaux, à charger et décharger les chameaux. Lorsque le sommeil, plus fort que toutes les douleurs, venait fermer leurs paupières, les femme et les enfants s'amusaient à les pincer jusqu'au sang, à leur arracher les cheveux et le poil de la barbe et à jeter du sable dans leurs plaies. Ils se délectaient surtout à entendre leurs cris et leurs gémissements.

Le 16, le prince Hamil distribua aux naufragés six gros poissons, avec à peu près deux verres d'eau pour chaque homme, et demanda ce qu'ils lui donneraient pour les conduire au Sénégal. On le pria de dire lui-même ce qu'il désirait : on lui promit davantage, et sur-le-champ on se mit en route, lui enchanté de sa fortune, les captifs bien heureux de quitter cet odieux séjour.

Le 17, au lever du soleil, les captifs aperçurent un vaisseau qui approchait rapidement. Ils reconnurent bientôt le pavillon français. Déjà leurs cœurs palpitaient de désir et d'espérance, lorsque tout-à-coup ils le virent changer de route, s'éloigner et disparaître. C'était l'*Argus*, qui cherchait les naufragés, pour les ramener au Sénégal ; mais, hélas ! il n'avait pas vu les signaux qu'on lui avait faits du rivage. Ce fut un bonheur pour les malheureux délaissés du radeau, car l'*Argus*, ayant continué sa route, les rencontra ce jour-là même, et presque au moment où ils allaient expirer de besoin.

La caravane reprit donc sa route, bien affligée de n'avoir

pas été délivrée par les matelots du vaisseau français et en-
levée aux mains des affreux Maures de ces parages.

Le 18 et le 19, on fut réduit à boire de l'urine des chameaux
mêlée avec un peu de lait, et l'on trouva cette boisson préférable aux eaux du désert.

Enfin on rencontra, ce dernier jour, un marabout qui an-
nonça l'arrivée prochaine d'un envoyé de la colonie. En effet,
M. Karnet, en costume de Maure, monté sur un chameau, parut
bientôt accompagné de quatre autres marabouts. Ce philan-
thrope, Irlandais de naissance, venait à travers de grands périls
apporter aux naufragés des vivres qu'il leur distribua en arrivant. Personne n'ayant la patience de laisser cuire le riz, on
l'avala tout cru, et au tourment de la faim succédèrent de dangereuses indigestions, qui n'empêchèrent pas cependant d'ache-
ter un bœuf et de le faire cuire à la manière des Maures. Voici
en quoi elle consiste :

On creuse un grand trou, on y allume un feu de racines,
seul combustible que présente la côte. Puis, on y étend l'animal, on le couvre de sable, et par-dessus on entretient un feu
ardent. L'adjudant Petit et quelques soldats contenaient les plus
affamés, qui voulaient déterrer le bœuf et le dévorer sans plus
attendre. Enfin, on le partagea. Cette chair coriace, mangée
avidement, produisit de déplorables effets. Un Italien s'en gor-
gea au point de se faire enfler le ventre, et il en mourut le lendemain. D'autres, par suite de ce changement subit de régime,
tombèrent en démence. L'un d'eux demandait qu'on ne l'aban-
donnât pas dans le désert, et prenait toutes les manières d'un
enfant. M. Karnet se prit à le traiter de même, et lui donnait,
pour l'apaiser, du sucre et de petits pains américains.

Le même jour, l'*Argus* reparut à une lieue environ. Ayant
entendu quelques coups de fusil tirés par M. Karnet, il s'approcha du rivage autant qu'il put et envoya à terre une embarcation. Comme elle tentait en vain de franchir les brisants,
M. Karnet, Hamil et son frère, passèrent à la nage, parvinrent
au canot, et celui-ci les porta au brick. Le capitaine, M. Depar-
najou, leur remit un baril de biscuit, avec quelques bouteilles

d'eau-de-vie, et les renvoya dans un autre canot, qui ne put, non plus, traverser les brisants. Alors ils se remirent à la nage avec leur cargaison, et parvinrent à la pousser devant eux jusqu'au rivage. Aussitôt l'adjudant Petit fit une distribution de biscuit et d'eau-de-vie, et chargea le reste sur des chameaux.

Ce fut alors que la caravane apprit de l'*Argus* le malheureux sort des naufragés du radeau. On n'était plus alors qu'à une vingtaine de lieues de la colonie du Sénégal.

La caravane y arriva enfin le 24 juillet, à midi.

Malgré toutes les souffrances d'un si rude trajet, une femme et cinq hommes seulement avaient péri : trois s'étaient écartés dans le désert. Un d'eux, qui était soldat, fut enlevé par les Maures : il resta plus d'un mois parmi eux, et fut ensuite ramené à l'île Saint-Louis.

Le chef d'escadre, M. Duroy de Chaumareys, dont l'impéritie avait causé tant de malheurs, n'avait eu à souffrir en aucune façon de cet horrible naufrage. Embarqué l'un des premiers dans le meilleur et le plus grand canot, il avait débarqué à terre, à l'île Saint-Louis, après trois seuls jours de houle. A son retour en France, par une tardive expiation de la mort cruelle et de l'atroce agonie de tant d'hommes et de femmes, il fut traduit devant un conseil de guerre, qui le déclara déchu de son grade, et incapable à tout jamais de servir l'Etat.

NAUFRAGE DE LA CORVETTE FRANÇAISE L'URANIE,

COMMANDÉE PAR M. DE FREYCINET,

Sur les récifs des îles Malouines, océan Atlantique, en février 1820.

L'expédition de la corvette l'*Uranie*, qui dut naissance aux loisirs de la paix rendue à la France par le retour des Bourbons, en 1816, suivit de près le voyage et le drame de la *Méduse*, et faillit se terminer aussi par un grand malheur.

Son but, du reste, était scientifique.

Il s'agissait d'expériences de physique plutôt que de découvertes.

M. de Freycinet, capitaine de vaisseau, avait le commandement de l'*Uranie*, que l'on avait équipée avec toutes les précautions que prescrit un long et périlleux voyage. Secondé par des savants et des naturalistes de la plus haute distinction, M. de Freycinet, qui emmenait avec lui sa jeune femme sans crainte des dangers qu'elle allait affronter et des fatigues d'une longue navigation qu'elle allait endurer, mit à la voile de Toulon, le 17 septembre 1817.

Les vents contraires forcèrent l'expédition à relâcher à Gibraltar.

Il arriva ensuite aux Canaries le 22 octobre. Assurément l'île de Ténériffe, avec son haut pic et son curieux volcan, était un lieu propre aux observations : mais il ne fut permis à M. de Freycinet de descendre à terre qu'après une longue quarantaine ; il préféra faire voile pour le Brésil.

En effet, l'*Uranie* entra, dans la nuit du 6 décembre, dans le port de Rio-Janeiro, et n'en ressortit que le 29 janvier 1818. Ce fut dans cette relâche que l'on se livra aux premiers travaux confiés à l'expédition.

L'*Uranie* toucha ensuite au cap de Bonne-Espérance, en traversant tout l'océan Atlantique de l'ouest à l'est, puis à l'île de France, que les traités de 1815 venaient de nous enlever et qui était devenue anglaise sous le nom d'Ile Maurice.

Là, le capitaine de Freycinet, avec l'autorisation des représentants de l'Angleterre, dressa un observatoire où l'on continua les études commencées à Rio-Janeiro, qui précisément se trouve sous la même latitude, bien qu'à plus de 100° de longitude de distance.

Alors l'expédition française se rendit directement sur les côtes de la Nouvelle-Hollande, et atteignit la baie des Chiens-Marins, de Dampier, dont les rivages n'offrent que d'immenses déserts de sable, sans aucune sorte de végétation. Toutefois, ces parages désolés laissaient voir quelques tribus sauvages,

aux membres grêles, au ventre proéminent, aux cheveux noirs
et crépus, race misérable et dégradée, à peine abritée sous
quelques broussailles et vivant de la manière la plus misérable.

Après un court séjour sur cette terre de désolation, l'*Uranie* alla prendre quelque repos à Timor; mais en rangeant les
îles de Dow et de Bernice, à une assez grande distance à l'est,
par un fond médiocre, la corvette toucha sur un banc de sable.
Il fallut revirer de bord et gagner le large. Le choc n'eut heureusement pour le bâtiment aucune suite fâcheuse.

On mouilla, le 23 octobre, dans la baie de Coupang, à Timor,
où les Portugais jadis avaient un fort, que les Hollandais
prirent sur eux en 1613. Les habitants étaient alors occupés
aux préparatifs d'une guerre que les Hollandais allaient entreprendre contre un radjah de Timor, ce qui rendait les vivres
si rares et si chers que l'équipage eut beaucoup de peine à s'en
procurer. On y éprouva d'excessives chaleurs. Le thermomètre, au soleil, marquait 45 degrés, et 35 à l'ombre.

La corvette remit à la voile cinq ou six jours après, assez
mal approvisionnée, et avec plusieurs hommes malades de la
dyssenterie. Le calme et les vents contraires la retinrent longtemps entre l'île de Timor et celle d'Ombay, dont les noirs
habitants sont très féroces et anthropophages.

Enfin l'*Uranie* fut pourvue de vivres frais et abondants, en
faisant relâche à Dilly, un des grands établissements du
Portugal, sur la côte septentrionale de Timor. M. de Freycinet
y reçut l'accueil le plus flatteur du gouverneur don Jose Pinto.
Dès lors, le bâtiment put s'acheminer vers le sud de l'Océanie.

Elle rencontra sur sa route plusieurs pirogues armées, qui
appartenaient au *kimalaka* ou chef de l'île Guébé. Ce kimalaka
vint à bord de la corvette et y passa tout un jour. Il fournit au
capitaine de nombreux détails sur son pays et ses expéditions
maritimes, et il le pressa beaucoup de visiter Guébé, où il
l'assura qu'il trouverait un port excellent, une aiguade facile
et des rafraîchissements. Mais le capitaine français ne pouvant
se rendre à son désir, le kimalaka lui fit entendre qu'il irait
le visiter avec son frère, à l'île Waïghiou, où les Français ayant

laissé de bons souvenirs devaient être bien accueillis par les naturels.

L'*Uranie* courut quelques dangers dans le mois de décembre, en traversant les détroits qui séparent les nombreux archipels de cette partie du globe. Les courants, la saisissant pendant la durée d'un calme, la poussèrent sur des bas-fonds. Ses ancres la retinrent heureusement jusqu'au moment où des vents favorables lui permirent de les relever et de vaincre le courant à force de voiles.

L'ancre fut de nouveau jetée, le 16 décembre, sur la côte de l'île Rawak, au nord de Waighiou. Aussitôt les savants de l'expédition firent élever un observatoire, dans l'une des positions les plus favorables qu'on put trouver pour les observations du pendule. On était perpendiculairement sous l'équateur, à une minute et demie de latitude sud. Après un certain séjour sur cette côte, les Français se disposaient à quitter leur mouillage, lorsque tout-à-coup ils entendirent une musique de tam-tams, de tambours, de timballes et d'autres instruments : presque en même temps, ils découvrirent, à la pointe de l'île, la flotte du kimalaka de Guébé, qui, selon sa promesse, venait rendre visite à l'expédition française et à son capitaine. Le kimalaka était accompagné de ses fils et de ses frères, au nombre de huit, se distinguant tous, aussi bien que lui, par leur bonne mine et leur physionomie spirituelle. La cour de Guébé demeura à bord jusqu'au départ de la corvette, qui eut lieu deux jours après. Le kimalaka fit présent à M. de Freycinet de différents objets et notamment de chapeaux de paille, entrelacés de lames de tôle, du plus curieux et du plus magnifique travail.

Mais la dyssenterie qui s'était fait sentir depuis Timor, n'avait pas cessé à bord. Au contraire, elle sévissait avec tant de violence, que le second lieutenant, M. Labiche, succomba à ses cruelles atteintes. On espérait arrêter ses progrès, en gagnant des climats plus tempérés; mais il fallut encore reconnaître auparavant plusieurs îles de l'archipel des Carolines, que les

cartes ne portaient pas encore, et où les Français furent parfaitement reçus.

Enfin l'*Uranie* mouilla à Guam, la plus méridionale des îles
Mariannes, où son équipage se rétablit entièrement, par suite
des excellents soins du gouverneur de l'Archipel, don Jose
de Medinello y Pineda.

De Guam l'expédition se rendit à l'archipel des îles Hawaï ou
Sandwich. L'*Uranie* fut en vue d'Owhyhée le 5 août 1815.
Malheureusement pour nos navigateurs, le chef de ces îles,
Tamaamaha, venait de mourir, et en signe de deuil on avait
tué tous les cochons de l'archipel, circonstance très fâcheuse
pour la corvette, qui avait besoin d'être ravitaillée. D'autre
part, le successeur du chef défunt, Rio-Rio, avait un ministre,
Karai-Mokou, qui demanda à recevoir le baptême. Le chef vint
en faire la demande à bord. Il était accompagné de ses femmes et d'une suite nombreuse. La cérémonie se fit sur le pont
de la corvette, avec toute la pompe possible. Ce fut l'abbé de
Quelen, cousin de l'archevêque de Paris en ces jours, qui
donna le baptême, auquel assistaient toute la famille du chef
et ses principaux officiers. Les femmes étaient surtout dans
leurs plus brillants atours de négresses, et elles furent frap-
pées surtout du costume splendide du chapelain et de la beauté
de l'image de la sainte Vierge, qui était placée sur l'autel.
L'équipage de l'*Uranie* et tout l'état-major de M. de Freycinet
étaient revêtus de leurs riches uniformes. Quant au chef
Rio-Rio, il demeura assis pendant la messe, et fuma sa pipe
avec un sang-froid sans pareil.

Les savants firent sur ces îles les mêmes observations
qu'ailleurs. Celles qui avaient pour but de découvrir les in-
flexions de l'équateur magnétique ne furent pas oubliées.

L'expédition gagna ensuite le port Jackson de la Nouvelle-
Hollande. On y travailla de même selon le programme confié
aux études des navigateurs. M. Macquarie, gouverneur de la
colonie anglaise, se montra pleins d'égards pour les Français.

Le 20 janvier 1820, la corvette doubla la pointe méridionale
de la Nouvelle-Zélande. Elle eut alors des vents favorables qui

la portèrent rapidement sur les côtes de la Terre de Feu, dans
l'hémisphère occidental. Cette Terre de Feu fut reconnue le 8
février à la hauteur du cap de la Désolation. Ces côtes présen-
tèrent l'aspect le plus effrayant, et cependant on était en été
dans ces parages.

Le capitaine dirigea la marche vers la baie du Bon-Succès,
dans le détroit de Le Maire. Mais à peine la corvette y eut-elle
mouillé, qu'il s'éleva une tempête furieuse qui le fit dériver.
Il fallut à l'instant couper les câbles et forcer de voiles pour
sortir de la baie. L'*Uranie*, en passant, rasa les brisants qui
sont à la pointe du nord. Cette tempête, qui dura deux jours,
emporta la corvette si loin dans le nord, que le commandant
crut que la prudence lui commandait de relâcher aux îles
Malouines.

L'*Uranie* avait doublé le cap Horn au milieu d'une tempête,
et déjà à la hauteur des îles Malouines elle trouva une mer
plus unie et des cieux plus sereins. Ce fut dans un moment
où alors nul danger n'existait plus, et pendant qu'elle cherchait l'entrée de la baie des Français, sur les bords de laquelle, jadis, Bougainville avait créé un établissement français, que la corvette se trouva subitement arrêtée par les
pointes d'un rocher.

C'était le 14 février.

La brise soufflait si fraîche et si douce que les perroquets
étaient dehors. Aussi la secousse que le rocher imprima causa-
t-elle d'abord plus de surprise que d'effroi. Dès qu'on eut touché, le cri général fut celui-ci :

— Aux pompes! aux pompes!

Tout le monde y courut. Peine inutile! l'ouverture faite au
flanc de la corvette était trop large pour qu'on pût épuiser
l'eau à laquelle elle donnait entrée. Il entrait plus d'eau dans ses
flancs que dix pompes n'en auraient fait sortir. Douze heures
se passèrent dans des travaux sans résultat et dans d'affreuses
angoisses. Enfin le maître d'équipage monta sur le pont pour
déclarer qu'il fallait renoncer à une fatigue infructueuse. La
cale était pleine d'eau, le bâtiment allait sombrer.

Chose étrange ! cette nouvelle, au lieu de consterner les gens de l'équipage, appela le sourire sur ses lèvres. Selon la méthode et le caractère français, on y répondit par des quolibets.

Il était nuit cependant, et les ténèbres d'ordinaire font accueillir un événement d'une façon plus sinistre et avec des pensées plus lugubres. La terre, en outre, était à plusieurs lieues. On ne pouvait que difficilement sauver les hommes, et on l'espérait peu. Et cependant nos matelots riaient et devisaient sans soucis; ils faisaient le plus étonnant échange de plaisanteries sur la mort, sur le plaisir de boire à la grande tasse, et pour s'y préparer et se mettre en goût, ils vidaient les bouteilles qui se trouvaient à leur disposition. Jamais naufrage ne trouva des victimes plus heureuses de leur sort. Personne n'avait de terreur dans l'âme, personne, pas même la jeune femme du capitaine de Freycinet, qui avait pris part à l'expédition avec ce courage, cet intérêt, cette curiosité qui signaleraient un homme d'étude et désireux d'acquérir des connaissances.

M. Duperré, qui depuis s'est rendu fameux, était, dans ce voyage, le second du commandant de Freycinet.

M. Duperré, nonobstant les ténèbres, alla à la découverte du lieu le plus propice pour y faire échouer le navire, et l'ayant trouvé, il y remorqua la corvette, qu'il fit abattre de façon que l'équipage pût attendre sans danger le jour suivant. L'*Uranie* se coucha donc sur le lit de rochers qu'elle ne devait plus quitter, et où on l'étaya avec le secours de vergues.

Enfin, le jour parut, et avec lui apparut une plage sablonneuse, à laquelle succédaient de larges plaines herbues, monotones, infinies, tristes à voir, que sillonnaient à peine quelques cours d'eau et que capitonnaient des étangs. L'horizon était borné par de hautes montagnes arides. Mais pas un arbre, pas la moindre végétation ne se montraient ni sur les monts ni dans la plaine.

Tel était l'aspect des îles Malouines.

Quant aux habitants, pas un d'humain. Seulement, des nuées

d'oiseaux de mer, peu habitués à de semblables visites, tour-
noyaient autour du navire, par curiosité les uns, les autres par
voracité, car ils plongeaient à qui mieux mieux et se disputaient
les débris d'aliments que la vague emportait de la corvette.

Cependant la position n'était plus tenable à bord. En se retirant, la marée avait contraint le bâtiment à s'incliner davantage, et la mer entrait et sortait par le sabord de la batterie.
On dut se résigner à abattre les mâts, et il fallut aviser à se
réfugier sur la terre ferme.

Auparavant, l'équipage fut employé à porter sur le rivage
tout ce qui devenait indispensable pour un établissement. Mais
la nécessité de réserver un grand nombre de bras au manie-
ment des pompes fit que l'on ne donna pas autant de soins
qu'il eût fallu peut-être au sauvetage des objets utiles. On dut
alors faire de fréquents voyages à la corvette et on en tira tout
le biscuit et toute la poudre. Comme on avait remarqué que l'île
était abondante en gibier et qu'on y avait vu errer des chevaux,
des bœufs et des porcs sauvages, provenant de ceux que jadis
Bougainville y avait amenés de France pour les besoins de la
colonie française qu'il avait fondée aux Malouines, on se réser-
vait d'en faire la chasse et de tuer, pour la nourriture de l'équipage, tout ce qui se trouverait à la portée du fusil. En outre,
la côte fourmillait de phoques, d'oiseaux de mer, d'oies, de
canards. De sorte que, à peine fut-on débarqué, les matelots
mirent à mort, dans le voisinage d'un petit étang, un énorme
et vieux phoque, qui y passait ses derniers jours. Cet animal
colossal ne pesait pas moins de deux mille livres; aussi fournit-
il aux Français naufragés un aliment gras et huileux qui fut de
longue durée. N'avait-on rien à manger? c'était dans cette
masse énorme que l'on taillait le menu du jour.

Enfin, tout fut disposé pour le campement. Fort près de la
plage, mais à l'abri de quelques dunes de sable, et le long d'un
petit ruisseau d'eau douce, on dressa les tentes du commandant, de l'état-major et de l'équipage entier. On fit régner à
terre le même ordre que si l'on eût été à bord; les rapports

respectifs furent maintenus, la plus grande discipline fut gar-
dée, et l'on aurait pu se croire encore sur l'*Uranie*.

Une fois installés, nos marins songèrent à se procurer des
provisions, car les Français n'étaient pas moins de cent.
Aussi les chasseurs et les pêcheurs se partagèrent les rôles.
Comme je l'ai dit, le gibier ne manquait pas, et on revenait
chaque jour chargé de butin.

On faisait alors tout cuire, tout griller, tout rôtir, albatros,
pétrels, mouettes, labbes, vautours noirs, aigles, cormorans
et pingouins, hôtes nombreux de ces îles brumeuses. Ces oiseaux étaient si peu habitués à l'homme, qu'ils ne le regar-
daient pas comme un ennemi. A peine fuyaient-ils quand on
arrivait à eux. Souvent même, quand les chasseurs venaient
d'abattre l'un d'eux, tourbillonnaient-ils autour de la proie
morte pour la disputer au légitime possesseur. Mais de tous
ces oiseaux, celui qui fut du plus grand secours aux naufragés, fut le manchot ou pingouin. Cet oiseau-poisson est plutôt
organisé pour nager que pour voler. Au lieu d'ailes, il a deux
nageoires aplaties et son corps est recouvert d'un feutre serré
ressemblant plutôt à de la soie qu'à de la plume. Vivant presque
toujours dans l'eau, où ils se nourrissent de poissons, les pingouins occupaient en nombre immense la petite île fangeuse
de la rade. C'était le moment où ces animaux élèvent leurs petits. Aussi faisait-on de fréquentes descentes sur l'île aux pingouins. On y trouvait, rangés à la file, comme des anachorètes
vêtus de blanc et de noir, ces stupides volatiles, et on les as-
sommait à coups de bâton, sans qu'ils se dérangeassent en
aucune façon. Ils recevaient la mort presque sans s'émouvoir :
tout au plus faisaient-ils quelques pas en poussant des cris
assez semblables à ceux d'un ânon qui se plaint.

D'autre part, les matelots poursuivaient et tuaient beaucoup de phoques. Mais, en outre des phoques, une chasse plus
belle encore fut réservée aux hommes de l'équipage. On signala
l'approche d'une baleine. En effet, un énorme cétacé approchait
et vint maladroitement, emporté par la lame, s'échouer entre
deux rochers. Le monstrueux animal se prit alors à frapper la

mer de sa queue et à lancer par ses évents des torrents d'eau
en vapeur. Vingt coups de fusil furent bientôt dirigés contre
la baleine, mais ils ne purent qu'effleurer la peau, sans l'enta-
mer. Mais alors, un matelot entreprenant et aimant l'aventure,
s'empressa de gagner le monstre gigantesque, en sautant de
rocher en rocher, et une fois qu'il l'eut atteint, il grimpa sur
son dos, une hache à la main, et alors il lui fit une entaille
dans le flanc et y enfonça un grappin amarré d'avance au rivage.
Ce fut un étrange spectacle de voir ce géant des mers se dé-
battre avec furie, agiter la mer d'une façon épouvantable, et
user de tous les moyens pour recouvrer sa liberté et regagner
une mer plus profonde. Inutiles efforts et vain désespoir !
Échouée sur le rocher et hors de son élément, la baleine ne
pouvait redoubler la terrible et formidable oscillation de sa
queue et le jeu furibond de ses évents. Il advint toutefois que,
à la marée montante, le gigantesque animal parvint à se dégager, rompit le câble qui le tenait attaché à la plage, et s'éloigna. Mais il avait reçu le coup de la mort, car, quelques heures
après, elle fut rejetée de nouveau, mourante, sur la grève. A
peine les oiseaux de proie eurent-ils vu cette proie magnifique,
qu'ils se croyaient en droit de dévorer, qu'on les vit s'abattre
comme des nuages sur la baleine, et la déchiqueter à coups de
bec. A chacun de ces coups, jaillissaient des filets d'huile, ce
qui couvrit bientôt la surface des eaux et rendit les abords des
rochers glissants et inabordables.

Cependant, dans le campement, tout chacun avait son travail. On était loin de rester oisif, parce que chasseurs et pêcheurs s'aventuraient en courses et en recherches. A terre,
comme à bord, chaque matin, la cloche appelait l'équipage au
travail. Les uns s'empressaient d'aller arracher à la corvette ce
qui était nécessaire pour construire un autre bâtiment ; les autres préparaient la tourbe qui devait servir à la cuisson des
aliments. Charpentiers et ferronniers donnaient leurs soins au
pontage de la chaloupe que, à la dernière extrémité, l'on devait
envoyer vers le continent américain, en quête de secours. On
songeait si sérieusement à cette entreprise bien difficile pour-

tant, que l'on avait fait choix des matelots qui tenteraient
l'aventure.

Malgré cette position difficile, les savants de l'expédition
ne restaient pas oisifs et travaillaient, de leur côté, à enrichir
leurs études précédentes de nouvelles découvertes en botani-
que, en zoologie, etc.

Ce fut en explorant les plaines herbues et les collines chargées de plantes que M. Quoy, le médecin du bord, poussa ses
investigations jusqu'au village que Bougainville avait fait élever
par les colons français et qui avait reçu le nom de Saint-Louis.
On n'y voyait plus que des ruines; les maisons étaient debout
encore, mais sans portes, sans toiture. C'était à se sentir ému
de douleur, car c'était un souvenir de la patrie, ce hameau
désert! Autour des chaumières le docteur retrouvait ci et là
des plantes potagères de notre France et toutes les traces d'une
civilisation évanouie. M. Quoy, à son retour, fut très étonné
de voir, à quelque distance du village, s'élever une colonne de
fumée. Il s'approcha et trouva un feu de tourbe allumé depuis
plus de deux mois, par l'équipage d'un navire anglais, ainsi
que l'attestait une inscription écrite sur la muraille de la dernière maisonnette. Le terrain tourbeux brûlait peu à peu, et
c'est ainsi que le feu s'entretenait depuis si longtemps.

Hélas! l'hiver approchait, l'hiver avec son cortége de vents,
de neiges, de frimas et de mauvais jours. Les hommes de la
corvette n'étaient plus aussi philosophes qu'au moment du
naufrage. Encore quelques mois, et peut-être de ces cent hommes bien vivants ne resterait-il plus que des cadavres! Déjà
les pingouins avaient dit adieu à leur île ; les phoques commençaient à disparaître. Bientôt l'île ne pourrait plus suffire à
nourrir autant de monde. La perspective était sinistre et les
idées fort peu gaies. Qu'aucun navire ne paraisse sur ces côtes,
et c'en est fait de tous les naufragés! Que l'on envoie la chaloupe à la découverte de l'Amérique ; mais arrivera-t-elle jamais à si grande distance? Je vous laisse à penser quel était
l'effroi de nos infortunés compatriotes...

Enfin, un jour, jour béni! c'était le 15 avril 1828, une voix de matelot fait entendre le bienheureux cri : Une voile ! une voile à la mer ! Officiers et simples gens de l'équipage accourent en hâte ; en effet, un navire apparaît au large. Aussitôt la chaloupe est mise à la mer. On vogue avec rapidité, on atteint le vaisseau tant désiré. C'est un bâtiment américain, une goélette en cours de pêche. On s'abouche avec le maître de la goélette, on négocie l'achat de son embarcation.

Mais comme un bonheur n'arrive jamais seul, apparaît bientôt un autre navire américain, qui vient précisément à l'archipel des îles Malouines pour réparer une voie d'eau. On entre en pourparlers avec le capitaine, qui se charge de transporter à Rio-Janeiro l'équipage de la corvette et les produits de l'expédition.

En effet, tout fut prêt pour le départ, le 27 avril 1820.

On fit aussitôt voile pour les côtes du Brésil, où l'on toucha vers la mi-juin, à Rio-Janeiro.

Après une relâche dans ce port jusque vers la mi-septembre, le bâtiment américain fut acheté par M. de Freycinet, qui le pavoisa sous le nom de *Physicienne*, et l'expédition rentra au Havre, le 18 novembre 1820.

ÉCHOUAGE DE LA CORVETTE FRANÇAISE L'ASTROLABE,

COMMANDÉE PAR LE CAPITAINE DUMONT-D'URVILLE,

En face de Tonga-Tabou, dans le grand océan Pacifique, en avril 1827.

A peu près au centre de l'immense océan Pacifique, sous le tropique du Capricorne, il est un vaste archipel composé d'une centaine d'îles et d'îlots, qui a nom archipel des îles Tongas.

C'est un magnifique spectacle pour le navigateur de voir des haubans de son navire ces magnifiques nefs de verdure émer-

geant fort au large de la surface azurée de l'océan. Parmi
toutes les autres, les trois îles de Tonga-Tabou, Vavao et Eoa
se distinguent par leur étendue. Tonga-Tabou n'est qu'une terre
basse ; Vavao et Eoa, auxquelles il faut joindre Namouka, sont
d'une hauteur médiocre. Pangaï-Modou, voisine de Tonga-
Tabou, est une petite île, basse également. Mais le sol y est
partout d'une fertilité prodigieuse. On y jouit d'une température modérée, car les brises de mer qui y soufflent régulièrement, contribuent à réduire la chaleur. L'air d'ailleurs y
est pur et serein ; le seul inconvénient est la fréquence des
tremblements de terre.

Les insulaires tongas ont la peau noire, mais la physionomie agréable. Ils sont grands, bien faits, et parfaitement
proportionnés. On leur reproche un certain embonpoint : cela
tient à leur nourriture saine et abondante. Leur nez est aquilin
et leurs lèvres minces, ce qui dénote quelque peu la fourberie
de caractère. Leurs cheveux sont lisses. Les femmes tongas
ont la taille noble, les traits délicats et le teint presque blanc.
Ces insulaires se tatouent, notamment les reins et les cuisses,
mais en laissant la peau dans son état naturel.

L'habillement des Tongas consiste, pour les femmes comme
pour les hommes, en une pièce d'étoffe ou natte fine qui enve-
loppe le corps de manière à faire un tour et demi sur les reins,
où il est arrêté par une ceinture. La coiffure varie selon le goût
et les âges. L'habitude de se baigner tous les jours fait que ces
sauvages sont très propres et sans aucune odeur.

Leurs cases affectent la forme d'un ovale de trente pieds
de long sur vingt de large. Celles du peuple sont plus petites. Elles sont propres et solides. Les maîtres et les maî-
tresses couchent dans un espace à part : les autres membres
de la famille dorment à terre, sur des nattes, sans avoir d'endroits fixes. Les esclaves se retirent dans de petites huttes
voisines. Les vêtements servent de couverture. Les meubles se
composent de quelques tasses de bois pour servir le *kava*,
infusion de racines d'une saveur nauséabonde fort aimée dans
la Polynésie, d'un certain nombre de gourdes pour contenir

l'eau douce qui est rare à Tonga-Tabou, de coques de cocos pour renfermer l'huile dont les naturels se frottent les membres, et de coussinets et escabeaux pour tenir lieu de siéges. Les enfants pullulent partout au-dehors des cases et en-dedans sur le bord de la mer et dans les plantations.

Les plus misérables des sauvages mangent les rats, qui abondent dans ces parages. La population supérieure se nourrit d'ignames, de varo, de bananes, de fruits à pain, de noix de cocos et de poissons et coquillages. Les cochons, la volaille et les tortues sont réservés au chef.

Les habitants des îles Tongas sont généralement généreux, hospitaliers, complaisants, mais en même temps cupides, audacieux, et profondément dissimulés. Ils sont susceptibles d'une grande fermeté de caractère et d'une rare énergie. On les trouve très modestes. Un refus ne les émeut pas, en apparence ; ils dévorent même un affront sans y paraître sensibles ; mais le souvenir en demeure profondément gravé dans leur mémoire, et ils ne manquent jamais de s'en venger.

Du reste, les Tongas sont très attachés à leurs parents, à leurs amis et à leurs chefs, pour lesquels ils sont d'une obéissance complètement passive. Leurs relations entre eux sont aussi douces qu'affectueuses. On les voit pleins d'égards pour leurs femmes et de bonté pour leurs enfants. Ils respectent la vieillesse et lui prodiguent les plus tendres soins.

Le *Toui-Tonga* est un personnage sacré, le pontife suprême.

Les dieux des Tongas portent le nom générique de *Hotoua*.

Suivant les indigènes, l'âme humaine est une substance déliée et presque aériforme qui s'échappe du corps en même temps que la vie.

Le *tabou* existe aux îles Tongas. C'est une sorte d'interdiction que l'on met sur les personnes et sur les choses, et qui les exclut pour longtemps de tout usage. On taboue les champs, les pirogues, les arbres, les maisons, les hommes, les femmes et les enfants. On taboue les tombeaux, on taboue la mer, telle anse, telle rivière.

La danse et le chant sont les principaux amusements des

Tongas. Ces chants sont des récitatifs qui ne sont pas dépour-
vus d'harmonie. Ils célèbrent les événements.

Outre les flûtes, les Tongas ont des tambours formés de
troncs d'arbres, de quatre, cinq, six et sept pieds de long.

Tel était l'archipel des Tongas, et tels étaient ses habitants,
quand notre célèbre Dumont-d'Urville y aborda sur la corvette
l'*Astrolabe*, en avril 1827. L'illustre navigateur faisait alors
pour la seconde fois le tour du monde.

Dumont-d'Urville venait d'étudier les parages de la Nouvelle-Zélande, lorsque le 9 avril il eut connaissance de l'île
d'Eoa, de l'archipel des îles Tongas, et le 10 on donna dans le
canal qui sépare Tonga-Tabou de l'autre île appelée Pangaï-
Modou, dans le but de mouiller l'*Astrolabe* en face de cette
dernière. L'intention de Dumont-d'Urville était de n'y faire
qu'une courte relâche pour régler ses montres marines et s'y
procurer quelques provisions : mais la fatalité en ordonna au-
trement.

A peine engagé dans cette passe, au vent qui avait régné
jusqu'alors succéda un calme plat. Celui-ci livra l'*Astrolabe* au
jeu des courants, dans un chenal hérissé de rochers. La corvette, drossée par l'action des eaux, alla donner contre les brisants du nord. Une prompte manœuvre la releva bien ; mais le
vent, revenu au sud-sud-est, tint la corvette adossée contre
un mur de coraux sous-marins, véritable rempart vertical, aux
accores duquel on ne trouvait pas de fond à quatre-vingts brasses.

La situation était critique. M. d'Urville fit tout ce qui était
humainement possible pour conjurer le danger. Des ancres
à jet furent élongées ; mais le tranchant des coraux eut
bientôt coupé les câbles, et les mêmes ancres furent perdues.
Les deux chaînes seules résistèrent pendant trois jours et trois
nuits. Qu'un seul de leurs anneaux se brisât, et l'*Astrolabe*,
broyée par ces récifs dangereux, livrait ses lambeaux, comme
une proie facile, aux cupides insulaires. Qu'on juge des angoisses du capitaine français et de tout son équipage.

Dès les premières heures de l'échouage, l'*Astrolabe* avait

eu des visiteurs. Les premiers furent trois Anglais établis dans l'île Tonga-Tabou : Singleton, vieux colon, Read, et Ritchell. Tous trois offrirent leurs services à d'Urville, et, en effet, ils lui furent utiles comme messagers et comme interprètes. Mais, après les Anglais, parurent des chefs indigènes. Palou, un vieux sauvage, fut le premier de tous. Alors, pour s'assurer quelques garanties contre une surprise des sauvages, d'Urville demanda au vieux Palou de rester à bord, en qualité d'ôtage. Le chef accepta, et le commandant de la corvette l'installa dans sa propre cabine. Vint ensuite un autre chef, Tahofa, dont nous aurons à parler plus tard.

Vingt-quatre heures s'étaient écoulées déjà depuis que la corvette se maintenait dans son poste périlleux. Plus la situation se prolongeait, plus elle devenait horrible. Les chaînes avaient cédé, et, dans les profondes oscillations de la houle, le flanc droit du navire allait s'abattre à cinq ou six pieds, au plus, du mur de coraux. Trois ou quatre chocs contre cette masse d'aspérités auraient suffi pour briser l'*Astrolabe*. La coque eût été fendue, déchirée, puis livrée à la mer ; la mâture elle-même n'eût pas tenu. En supposant un désastre de nuit, le nombre des victimes était effrayant. D'Urville réfléchit à cette cruelle éventualité ; aussi, voulut-il au moins assurer, par une mesure de prévoyance, le salut d'une portion de son équipage. Encouragé par les protestations amicales des chefs des Tongas, enhardi par les rapports des Anglais, il se décida à envoyer la majeure partie de son monde sur la petite île de Pangaï-Modou, où elle camperait sous la protection de Tahofa, tandis qu'il resterait lui-même à bord, avec Palou, entouré de ce qui lui resterait de ses gens. Ce qui le faisait incliner pour cette résolution toute d'humanité, c'est qu'aucune manœuvre n'était désormais ni possible ni utile pour le salut commun. Il fallait attendre et faire seulement des vœux pour la bonne tenue des ancres. Si elles maintenaient la corvette jusqu'au changement de la brise, on pourrait appareiller et quitter ce funeste écueil.

La portion de l'équipage désignée pour le débarquement avait

déjà préparé ses bagages, quand arriva à bord un artisan attaché à l'établissement des missionnaires anglicans. A la vue de
la chaloupe prête à déborder, il interrogea les marins sur sa
destination, et lorsqu'il la connut :

— Vous voulez donc faire périr votre monde ? dit-il à Dumont-d'Urville, ou tout au moins songez-vous à le faire dé-
pouiller complètement ? Tant que ces matelots et officiers ne
seront pas nus, ils courront danger de la vie...

Le capitaine répondit qu'il croyait pouvoir se confier aux
bonnes dispositions de Tahofa et de Palou, en même temps
qu'aux assurances des Anglais...

— Commandant, répliqua l'interlocuteur, ne vous fiez en
aucune sorte à ces gens-là. Les sauvages et leurs chefs sont
des hommes perfides, et les Anglais qui les soutiennent ne
valent pas mieux. D'ailleurs, quand Tahofa et Palou seraient
de bonne foi, leur autorité serait méconnue par les insulaires.
On vous pillera tout, vous dis-je, et si vous vous défendez, on
vous tuera.

Cet homme paraissait bien informé : aussi le chef de l'expédition réfléchit à ses paroles. Déjà, d'ailleurs, à la vue des
bagages qu'emportait la chaloupe, les naturels, paisibles jusque-là, avaient fait entendre des murmures. Ils semblaient
convoiter tant de richesses d'un œil farouche, et la crainte
d'un péril était bien peu de chose pour eux à côté de la perspective d'un tel butin. En face de ce mouvement, Dumont-
d'Urville n'hésita plus. A l'instant même, contre-ordre fut
donné. Les matelots, déjà descendus dans les chaloupes, remontèrent à bord ; on hissa les bagages et les malles. L'équipage et l'*Astrolabe* ne devaient avoir désormais qu'une même
fortune. Seulement, pour tout prévoir, pour sauver d'un sinistre possible les travaux de l'expédition, le commandant fit
emballer, dans une caisse en tôle, les papiers, les journaux,
les documents scientifiques, et les embarqua dans le bot. Un
matelot du bord et l'agent des missionnaires, décidés non sans
peine, se chargèrent de les transporter à Hifo, où ils devaient
être mis sous la sauvegarde de MM. Thomas et Hutchinson.

Ainsi, la partie du voyage qui devait intéresser le monde savant ne serait pas perdue. Le bot, d'autre part, frêle et petite embarcation, n'était presque d'aucun secours en cas de bris sur les écueils de la passe.

Le bot était à peine parti que la brise fraîchit et que le ressac augmenta. L'*Astrolabe* présentait alors l'aspect le plus sinistre : les matelots, jusque-là passablement confiants, ayant trouvé dans les échanges avec les sauvages une distraction aux périls qu'ils couraient, ne pouvaient plus s'abuser sur l'imminence d'un naufrage. La nuit qui survint fut donc une nuit de transes cruelles. Le capitaine continuait à prendre toutes les mesures de précaution indiquées. Vers huit heures, on descendit dans la yole les montres marines, quelques instruments, les instructions officielles, les lettres de recommandation de divers gouvernements, et ce nouveau convoi d'objets fut dirigé sur la maison des missionnaires, sous la conduite d'un officier. En même temps, pour prévenir le désordre d'un embarquement nocturne, on ordonnait à la moitié de l'équipage de descendre dans les embarcations. Si l'événement funeste arrivait, toutes les mesures étaient prises, tous les ordres donnés.

Enfin, cette nuit horrible eut un terme, mais le jour revint sans que la situation fût changée. Au milieu de cette crise, les chefs Tahofa et Palou restaient toujours à bord, bien traités, bien repus, faisant honneur au vin et au rhum du capitaine. Le sort de la corvette semblait les occuper fort peu ; ils avaient l'air le plus indifférent en face du spectacle de ce beau navire se débattant contre la mer, et se roulant sur ses ancres, à quelques pas de l'écueil. On eût dit, à les voir, que ce drame ne pouvait les toucher en aucune sorte. C'était pour eux toutefois, comme pour d'autres chefs dont la joie se trahissait mieux, une question de pillage et de fortune. Mais nul symptôme ne décelait chez eux ni désir ni crainte. Ils se montraient toujours affectueux, graves, bienveillants, prêts à réprimer l'importunité des naturels qui voulaient à chaque instant forcer la consigne.

Un troisième chef qui survint, et que les Anglais présentaient comme le chef le plus puissant de l'île, témoigna d'une impassibilité bien plus grande encore. Il se nommait Lavaka.

Le missionnaire Thomas, qui parut à son tour dans la journée du 22, conduisit avec lui le chef Toubo, le seul égui chrétien-anglican de l'île. Toubo semblait se trouver mal à son aise vis-à-vis des trois autres chefs, ses rivaux. Il ne cessait de les dépeindre comme des hommes fort dangereux. Sa haine contre eux n'allait pas toutefois jusqu'à vouloir les affronter en face.

Réfléchissant à sa situation, Dumont-d'Urville comprit que s'il pouvait intéresser à sa cause un seul des chefs qui se partageaient Tonga-Tabou, avec son renfort d'hommes, de canons et de fusils, il pourrait, un malheur arrivant, se créer un parti dans l'île, avec des chances pour vaincre ou pour paralyser les autres. Il proposa donc à Toubo une alliance offensive et défensive. Il lui offrit de combattre pour lui; de le réintégrer dans ses droits de chef suprême et de lui assurer la prépondérance sur ses voisins.

A de telles propositions il fallait voir le pauvre Toubo et son ami le missionnaire anglican se récrier d'étonnement et d'effroi :

— Ne songez pas à cela ! Tahofa et Palou sont trop puissants pour qu'on les brave... Nous nous perdrions sans vous sauver...

— Eh bien ! dit le capitaine français, en cas de sinistre, quelle conduite faut-il tenir ?

— *Keep your ship!* Conservez votre navire !... répliqua le missionnaire.

Et on ne put le sortir de son *keep your ship!* vingt fois répété.

Dès lors Dumont-d'Urville n'avait plus à prendre conseil que de lui-même. Il laissa le missionnaire anglican Thomas et le chef Toubo se livrer à leurs prudentes inspirations. Pour lui, affectant un air calme pour rassurer l'équipage, il parut s'absorber dans un travail de classement que faisaient alors les naturalistes du bord, comme s'ils eussent été dans leur cabinet.

Cependant, le 22, entre trois et quatre heures, le vent ayant paru varier, toutes les voiles hautes et basses furent mises dehors. Les canots agirent sur le devant de la corvette et l'on fixa les amarres par le bout. Un instant on crut que l'*Astrolabe* se détachait du récif; mais quel rude mécompte, quelle consternation, lorsque, au bout de huit à dix minutes, la corvette donna sur l'écueil! Elle n'avait que quatre pieds d'eau sous la poulaine... Cette fois, c'en était fait! L'échouage, longtemps évité, se trouvait accompli. Il ne s'agissait plus que de forcer les sauvages à des explications décisives et catégoriques. En conséquence, et prenant sur-le-champ son parti, le commandant du navire fit descendre dans sa chambre les trois chefs, Palou, Tahofa et Lavaka. Là, il ne leur cacha pas la situation, leur demanda ce qu'ils comptaient faire, et les adjura de protéger l'équipage qu'une force majeure allait jeter sur leurs côtes. Les chefs écoutèrent avec attention, puis l'orateur du triumvirat, le vieux Palou, prit la parole. Au nom des chefs et au sien, il accéda à l'espèce de compromis du capitaine qui avait terminé en disant *qu'il leur abandonnerait la cargaison du navire, pourvu qu'on laissât aux Français ce qui leur serait nécessaire pour regagner leur patrie*; mais il insinua que la bienveillance le guidait en ceci bien plus que la cupidité, et *qu'il périrait plutôt que de laisser maltraiter ses amis les Français!*

En effet, au moment de l'échouage, une foule de pirogues s'étaient précipitées sur l'*Astrolabe*, comme sur une proie facile. Mais, bientôt monté sur le pont, Palou signifia aux sauvages de se retirer, et cela du ton le plus ferme.

Un heureux incident voulut que les bonnes intentions des trois chefs ne fussent pas mises à une plus longue épreuve.

Pendant que durait la conférence, on avait pu ressaisir les amarres filées par le bout au moment de l'appareillage. Quand Dumont-d'Urville reparut sur le pont, la corvette était à flot dans la même position que la veille, toujours exposée sans doute, mais non désespérée. Ce premier bonheur releva tous les courages. Dégagée d'une façon presque miraculeuse, l'*Astrolabe* n'était pas destinée à périr!

En effet, la nuit suivante se passa sans que la situation fût
empirée. Le lendemain, 23, on s'écarta des récifs de quelques
toises; et enfin, le 24, après quatre-vingt-quatorze heures
d'angoisses, la corvette, au moyen de quelques risées folles du
nord-est et de la touline des embarcations, put quitter les accores de ce triste récif et prendre lentement le chemin du mouillage, au grand désappointement de messieurs les sauvages de
Tonga-Tabou. L'*Astrolabe* toucha bien encore dans l'intérieur
des passes, mais avec infiniment moins de dangers. Puis elle
fit deux ou trois haltes, et, en dernier lieu, elle jeta l'ancre
devant l'île de Pangaï-Modou, le 26 au soir.

Pendant toute la durée de ce péril, les trois chefs tongas ne
démentirent pas un seul instant leur conduite affectueuse des
premiers jours, et, quand la crise fut passée, ils s'en réjouirent
les premiers d'une façon qui nous parut sincère. Quelques présents faits à propos semblèrent les gagner mieux encore. Aussi
un excellent accord ne cessa de régner entre l'équipage et les
naturels. A diverses reprises, les officiers et les naturalistes
se rendirent à terre; ils y passèrent même la nuit, sans qu'aucun acte de violence vînt autoriser le moindre soupçon. Néanmoins, malgré tous ces témoignages d'amitié, le commandant
de la corvette continua son système de surveillance et de précaution. Les filets d'abordage demeurèrent toujours tendus et
les sentinelles se relevèrent régulièrement avec des consignes
rigoureuses.

Néanmoins des dangers d'un autre ordre se préparaient dans
l'ombre.

Le chef Palou avait, à diverses reprises, témoigné le désir
de recevoir les navigateurs français, et le jour de cette audience avait été réglé avec une sorte d'apparat. Le commandant de l'*Astrolabe*, avec ses officiers, en grand uniforme, s'embarquèrent, le 9 mai, dans le grand canot. Mais au lieu de
trouver sur leur passage une foule empressée, et dans sa case
un hôte affable et gai, des jeux, un festin, des danses, une
fête en un mot, les Français ne rencontrèrent que quelques
sauvages de basse classe, de pauvres femmes et des enfants.

Le vieux Palou les accueillit avec un air sérieux et contraint.

Il offrit un misérable kava, — une sorte de thé, — à des hommes qui avaient besoin d'une politesse plus substantielle; bref, il se tint sur la réserve, lui jusque-là cordial et communicatif. Pour pallier le mauvais effet de cet accueil, l'interprète fit savoir au commandant que Palou avait naguère perdu un de ses enfants et qu'il était menacé d'en perdre un second. Mais cette explication, vraie ou fausse, ne satisfit point d'Urville.

Les Français se retirèrent d'une façon assez maussade.

Livrés à leurs seules inspirations, peut-être les sauvages seraient-ils demeurés avec les Français dans les termes de la bienveillance simulée, et probablement de sourde convoitise qui les avait caractérisés jusque-là. Après trois semaines de relâche, l'*Astrolabe* serait repartie ayant plutôt à se louer d'eux qu'à se plaindre. Mais, la trahison s'en mêlant, l'attitude des Tongas cessa d'être la même ; de calme, elle devint agressive.

Pour expliquer cette transformation, il faut savoir que l'équipage de la corvette, hâtivement rassemblé à Toulon, comptait quelques mauvais sujets tirés des cachots pour finir leur temps dans un voyage de découvertes. Pour le malheur et le déshonneur de l'expédition, il y avait parmi les matelots des hommes capables de la trahir au profit des sauvages, sauf à partager ensuite les dépouilles des leurs avec les ennemis. Dumont-d'Urville savait cela, et il avait voulu éviter, autant que possible, tout rapport trop familier entre ses marins et les chefs de l'île. Il désirait surtout abréger son séjour, pour que le temps manquât à de mauvais desseins. Mais l'échouage et les travaux qu'il nécessita, la drague des ancres, le manque de munitions et de vivres trompèrent ses calculs. Il fallut s'attarder sur la rade de Pangaï-Modou, et ces délais furent utilisés par les déserteurs et les traîtres.

Un complot se forma. Il poussa de telles ramifications dans l'île que le capitaine en fut informé par un message des missionnaires. Son parti fut bientôt pris. Prévenu le 12, il résolut d'avancer son départ et d'appareiller le 13, et non le 14, comme il l'avait annoncé. En même temps, il fit redoubler de surveillance, afin que personne ne pût quitter le bord.

Le 13 donc, vers huit heures du matin, tout était prêt pour mettre à la voile. Il ne restait plus qu'à envoyer la yole à terre pour y prendre le chef de timonerie et quelques sacs de sable. On l'y expédia. En même temps, faisant ses adieux aux chefs venus à bord, comme de coutume, Dumont-d'Urville leur distribua les derniers présents. On se sépara avec tous les dehors d'une bonne intelligence. Les chefs semblaient regretter les Français, mais rien n'indiquait qu'ils voulussent les retenir par violence.

Les choses en étaient là, à neuf heures du matin, quand un bruit confus et subit s'éleva sur la plage. Les insulaires attaquaient la yole et cherchaient à entraîner les matelots qui la montaient. Ceux-ci, vaincus par le nombre, cédèrent. Aussitôt le commandant de l'*Astrolabe* ordonna que le grand canot fût armé ; vingt-trois hommes s'y embarquèrent sous les ordres des officiers Gressien et Páris. Le chirurgien Guaimard voulut se joindre à eux. Mais vainement cette petite troupe chercha-t-elle à couper la retraite aux ravisseurs ; les sauvages échappèrent avec leur proie. D'ailleurs le grand canot tirait trop d'eau pour pouvoir accoster la terre. À quelque distance il fallut que son équipage se jetât à l'eau et fît de là une guerre de tirailleurs contre les sauvages qui tiraient aussi de la grève. Quand cette petite troupe fut arrivée en terre ferme, tout avait disparu, sauvages et Européens. Tout ce qu'elle put faire, fut de recueillir trois hommes, le chef de la timonerie, l'élève de marine Dudemaine, qui avait passé la nuit chez son *ofa*, et un jeune matelot nommé Cannac. Les autres demeurèrent prisonniers.

Cette scène, rapidement accomplie, fut cependant caractéristique en ce sens qu'on ne put douter du concours de Tahofa dans cette surprise. Ayant rencontré l'élève Dudemaine, il lui asséna un gros coup de poing. Plus humain vis-à-vis de Cannac, et touché sans doute de son extrême jeunesse, il lui permit de rejoindre l'équipage du grand canot.

Le nombre des captifs se réduisait alors à neuf personnes, l'élève Faraguet et huit matelots.

Cette attaque subite des naturels fût restée une énigme pour les Français, si on ne se fût aperçu qu'un des matelots de l'*Astrolabe*, un mauvais sujet du nom de Simonet, avait déserté. D'après l'explication que recueillit plus tard le capitaine anglais Peter Dillon, Simonet, dont la fuite était méditée de longue main, se glissa, le 12 au matin, dans une des pirogues de Tahofa, et un des canotiers de la yole, nommé Reboul, étant à terre, déserta de même. Tahofa allait ainsi avoir deux Européens à son service, avantage très rare et fort apprécié dans Tonga-Tabou. La jalousie des autres chefs s'en était émue, ils avaient voulu se ménager une compensation en enlevant les hommes de la yole. Telle fut du moins l'excuse donnée à Peter Dillon. Quant à la complicité de Simonet, elle était évidente, et il s'en cachait si peu que l'élève Dudemaine l'aperçut parmi les naturels, armé et habillé, tandis que les autres matelots étaient complètement dépouillés de tous leurs vêtements.

Après avoir incendié les habitations de Pangaï-Modou et Manima, le grand canot revint à bord vers trois heures et demie, et on repartit presque sur-le-champ, armé d'officiers, de maîtres et d'officiers mariniers, hommes sûrs et éprouvés. Dans l'impossibilité où l'on était d'attaquer Tahofa, dans sa forteresse de Bea, la petite troupe de vingt hommes devait marcher le long du rivage, brûlant les cases et les pirogues, tirant sur ce qui résistait, mais épargnant les vieillards et les femmes. Le but du commandant de l'*Astrolabe* était d'obtenir par la terreur la restitution de ses prisonniers.

L'expédition fut conduite avec intelligence. Les villages de Nongou-Nongou et d'Oleva furent livrés aux flammes ; cinq belles pirogues furent détruites ; puis le petit corps marcha vers Mafanga, village sacré des Tongas.

Mais à mesure que les Français approchaient du lieu saint, les sauvages, qui avaient fui jusque-là, se rassemblaient et commençaient à résister. Un caporal du détachement, Richard,

s'étant malheureusement aventuré dans un taillis, à la pour-
suite d'un sauvage, se vit assailli par huit d'entre eux, cerné,
assommé avec leurs massues, criblé de coups de baïonnette.
Transporté à bord, cet infortuné mourut dans la nuit et fut
enterré le lendemain dans l'île de Pangaï-Modou. Cette perte
ramena les Français à des mesures de prudence. Engagés au
milieu des halliers, ils recevaient la fusillade ennemie sans
pouvoir lui répondre avec avantage. D'ailleurs, cette guerre
d'embuscade n'aboutissait à rien. L'incendie du village suffisait
pour jeter la terreur dans la contrée. Pour le premier jour
c'était une représaille utile; le lendemain, il fallut aviser à des
moyens plus décisifs.

Le capitaine d'Urville savait que Mafanga était le lieu saint
de l'île, et que, si on l'attaquait, Tonga-Tabou tout entière
serait intéressée à la querelle. Ainsi, les divers chefs intervien-
draient dans une affaire où Tahofa jusqu'alors s'était trouvé
seul mêlé, et les jalousies rivales, autant que le désir de sauver
le sanctuaire indigène, pouvait amener la prompte restitution
des prisonniers. Malgré tout le danger que présentait une
côte bordée de récifs, le capitaine résolut de canonner Mafanga.

Pendant que l'on se préparait à cette attaque, contrariée
par les vents du sud-est, une pirogue ramena à bord l'élève
Faraguet et l'interprète, M. Singleton. L'officier français
avait été le captif de Palou, qui, n'ayant pu le décider à se
fixer auprès de lui, le renvoyait à bord de l'*Astrolabe*. Aucun
doute ne resta dès lors sur le chef du complot. L'honneur en
revenait tout entier à Tahofa et à ses *mata-boulais*. Singleton
assurait même que les autres chefs avaient censuré sa conduite dans le conseil du matin. Mais Tahofa était le Napoléon,
l'Achille de Tonga-Tabou; il pouvait faire la loi, seul contre
tous. Par une sorte de compromis, Singleton se disait autorisé
à promettre que tous les hommes qui se refuseraient à rester
dans le pays seraient rendus à l'expédition française.

Dumont-d'Urville crut une pareille transaction indigne de

lui, car on y reconnaissait la main de Simonet, qui demandait presque une capitulation personnelle.

— Aucun des hommes que le roi des Français m'a confiés, dit-il à Singleton, ne restera à Tonga-Tabou. Si demain les captifs des insulaires ne sont pas à bord de ma corvette, Mafanga sera canonnée....

En effet, le 15, la corvette s'embossa, comme son commandant l'avait dit: elle hissa sa grande bannière et l'appuya d'un coup de canon.

Les naturels y répondirent en ajustant plusieurs pavillons blancs au bout de longues perches.

Dans l'espérance que ces pavillons étaient un signal de paix, on envoya le canot à terre : mais un coup de fusil qui perça cette frêle embarcation de part en part, trahit les véritables dispositions des insulaires.

Il fallait que la force coupât court à tant de perfidie.

Le canon tonna donc, le lendemain 16, dans la matinée. Trente coups de caronade furent tirés tant à boulet qu'à mitraille. La première décharge coupa en deux une branche d'un grand figuier qui ombrageait le *malaï*, la place d'armes de Tahofa. Sa chute fut saluée par des cris aigus et perçants, que suivit immédiatement un profond silence. Abrités derrière des remparts de sable, ou dans le creux de fossés improvisés, les sauvages ne souffraient pas beaucoup de ce feu et ils y gagnaient quelques boulets enterrés dans le sable.

Dans l'après-midi, l'*Astrolabe* se trouva si près du récif qui entoure l'île, qu'à la marée basse, les naturels pouvaient s'approcher d'elle à une distance de vingt toises au plus.

Pendant les trois jours qui suivirent, la corvette se maintint dans ce mauvais voisinage. Le temps, beau jusque-là, était devenu incertain et tempétueux. Le vent soufflait par rafales violentes et menaçait de jeter le navire sur les récifs où la mer se brisait avec fureur. C'était une épreuve non moins périlleuse que celle à laquelle on avait naguère échappé. En cas de sinistre, on n'avait pas même de quartier à espérer cette fois. On était en guerre ouverte : et peut-être l'ennemi

avait-il des morts à venger. Secouée par le ressac, l'*Astrolabe*
semblait à toute minute près de se détacher de ses ancres
pour aller se heurter contre les pointes du banc. L'équipage
paraissait inquiet et préoccupé. On eût dit qu'il regrettait le
sort des captifs, que l'on apercevait de temps en temps sur la
grève. Cette guerre, faite à deux pas d'un écueil, ces décharges
d'artillerie, qui de temps en temps rompaient le silence de la
terre et du bord; cette obstination des chefs tongas, l'incertitude
de l'avenir, tout saisissait et attristait la pensée. On en était
venu à craindre un complot parmi les marins du bord, et
Dumont-d'Urville allait peut-être renoncer à sa résolution,
quand une pirogue déborda de la plage, dans la journée du 19.

Elle portait un des matelots, Martineng, qui venait de la part
de Tahofa promettre au capitaine la restitution des prisonniers,
s'il consentait à suspendre les hostilités. Le canon de retraite
de la veille, chargé à mitraille, ayant tué un chef indigène très
aimé des sauvages, déterminait ces ouvertures pacifiques.

Elles furent conduites à bonne fin.

L'un des mata-boulais de Tahofa, Waï-Totaï, vint, tout tremblant, expliquer qu'il était impossible de restituer les déserteurs Simonet et Reboul, alors en fuite, mais que les autres
Français allaient être rendus. Désireux de quitter les accores
de l'écueil, d'Urville passa sur cette difficulté, et il fit même
semblant d'oublier aussi les objets enlevés dans la yole.

Un canot alla donc vers Mafanga pour recueillir les prisonniers. Ils arrivèrent dans le plus bizarre accoutrement, déjà
revêtus d'étoffes indigènes, semblables à celles de ces Indiens,
que Tahofa leur avait fait donner, après qu'on les avait dépouillés de leurs habits européens.

Tirée ainsi de ce mauvais pas, le lendemain, 21 mai,
l'*Astrolabe* quittait l'île de Tonga-Tabou, après un mois de
désastreux séjour, et entourée de périls de tous genres, le
naufrage, la guerre et la révolte.

Dumont-d'Urville se dirigeait alors vers les îles Viti et Fidji,
et se préparait à aller recueillir les débris du naufrage de la
Pérouse.

Nous ne suivrons pas l'*Astrolabe* dans ses pérégrinations maritimes ; mais nous la reprendrons au moment où elle arrive devant Vanikoro, pour y trouver les preuves du cruel naufrage dont la Pérouse et ses compagnons avaient été les victimes infortunées contre les récifs de cette île.

Nous savons déjà, par l'histoire du naufrage de la Pérouse, toutes les péripéties de ce drame cruel.

Mais nous devons faire connaître au lecteur les dangers que courut elle-même la nouvelle *Astrolabe*, l'*Astrolabe* de Dumont-d'Urville, sur cette côte inhospitalière.

Il a été dit comme quoi Vanikoro est entouré d'une chaîne de récifs d'un diamètre de deux à trois milles, qui laisse libre et large de un à deux milles un bassin d'eau calme et paisible autour de l'île, tandis que la mer se brise avec fureur contre le récif de coraux circulaire, au-dehors de son enceinte.

Le capitaine d'Urville avait pris son mouillage dans la dangereuse et petite rade d'Ocili, à l'est de l'île, et en-dehors du récif, mais entourée par un autre récif ayant une large entrée sur la mer. C'était là qu'avait aussi jeté l'ancre le *Research* du capitaine anglais Dillon, quand il avait abordé à Vanikoro, pour y chercher aussi des preuves du naufrage des vaisseaux de la Pérouse.

Pendant que les canots de MM. Gressien et Jacquinot faisaient le tour de l'île et allaient de Vanou à Nama, de Nama à Païou, et de Païou à Mannevaï, à Tevaï, et en quête d'indices et de renseignements, on vit bientôt que l'*Astrolabe* était en souffrance dans le mauvais hâvre d'Ocili. La houle fatiguait ses chaînes et menaçait de la jeter à toute heure sur une côte aux rochers verticaux, contre les parois desquels elle aurait coulé par quinze brasses de fond. Aussi le commandant songea-t-il à changer de station. A l'aide de grelins et d'ancres à jet, il se hâla jusque dans la vaste baie de Mannevaï, bassin calme et abrité contre tous les éléments.

Là du moins on rencontra des hommes plus sociables. Les naturels accoururent à bord de l'*Astrolabe*. Les chefs saluèrent le capitaine à la manière du pays, en baisant le dos de leur main, et l'un d'eux, le premier ariki et prêtre de Mannevaï, nommé Mohembe, se déclara son ami particulier. C'était un homme de cinquante ans environ, petit de taille, fort laid, bon homme au demeurant, d'un naturel paisible, et possédant presque du savoir-vivre au milieu de ses maussades compatriotes. Devenu l'ami du capitaine d'Urville, Mohembe vint souvent le visiter. Il répondait de son mieux à ses questions, n'interrogeait pas, attendait patiemment les cadeaux qu'on voulait lui faire et les recevait avec reconnaissance.

Nelo, le chef de Tevaï, ne s'était pas conduit ainsi quand l'*Astrolabe* était sur son hâvre d'Ocili. Insatiable quêteur, désobligeant, il recevait tout de mauvaise grâce et continuait de demander après avoir reçu. Un jour ses fatigants procédés faillirent dégénérer en une scène fort sérieuse. Le capitaine d'Urville était allé lui rendre visite à Tevaï, accompagné de quelques officiers sans armes. Le vieux Nelo reçut, d'un air assez bourru, les visiteurs, dans la Maison des Esprits, et entouré de ses guerriers armés d'arcs et de flèches. Comme à son ordinaire, il se plaignait d'abord de ce qu'on ne lui donnait rien ; il demanda, à diverses reprises, des haches, en disant que *Pita*, — Peter Dillon — lui en donnait beaucoup. A quoi le commandant français répondit que, s'il envoyait des vivres à bord, et surtout des cochons, il aurait des haches. Il stipula même que trois haches seraient livrées en retour d'un cochon, taux que Nelo agréa. Les cochons pourtant se faisant attendre, le commandant voulut retourner à bord ; mais alors les sauvages prirent une attitude si menaçante qu'on sentit bien qu'il y avait eu imprudence à s'engager sans armes au milieu d'eux. Afin d'éviter un malheur, il fallut biaiser. Allant vers Nelo, le chef de l'expédition lui offrit une grosse hache et un collier, en lui disant que c'était un à-compte sur le marché des cochons promis. Puis Dumont-d'Urville s'en alla. Nelo, surpris et charmé du cadeau, n'osa pas bouger, et ainsi cette sorte de guet-à-pens n'eut point de suite. Quant aux cochons promis par Nelo, on les attend encore.

Cependant les travaux scientifiques allaient leur train. Le

naturaliste Guaimard avait obtenu du commandant de débarquer seul sur la partie occidentale de l'île. Cette excursion fort périlleuse, et bien méritante du reste, ne produisit aucun résultat utile. Au bout de cinq jours, le naturaliste revint avec une fièvre intense, ayant eu toutes les peines du monde à se défendre contre des hommes d'un naturel irritable et turbulent. Aucune confidence ne pouvait en outre être obtenue, et le village même de Nama resta interdit au Français débarqué : aussi M. Guaimard revint outré et fort malade.

Cette fièvre du naturaliste empira bientôt : le capitaine lui-même, à la veille d'aller visiter l'emplacement où les compagnons de la Pérouse avaient construit leur petit navire, fut saisi par des accès violents et dangereux. Alors le temps, de sec qu'il était, étant devenu tout-à-coup pluvieux et malsain, cette fièvre prit un caractère épidémique et frappa successivement plusieurs personnes de l'équipage.

Nous avons décrit, dans l'histoire du naufrage de la Pérouse, l'inauguration du monument que l'on éleva à sa mémoire et à celle de ses compagnons, quand on eut recueilli des débris et des preuves de leur désastre sur cette côte de Vanikoro. Ce jour-là, tout fut deuil sur cette terre néfaste, deuil dans le passé et les souvenirs, deuil dans le présent et les craintes qu'il inspirait. En effet, la fièvre tenait alors clouée sur les hamacs de l'*Astrolabe* la moitié de son équipage, et semblait menacer l'autre moitié. Les bras allaient manquer à la corvette pour se tirer des passes difficiles et dangereuses. Encore quelques jours de retard, et le mausolée debout sur le récif de Mannevaï, au nord de l'île, servait à constater deux catastrophes.

Dumont-d'Urville sentit l'imminence du danger. Frappé lui-même, il eut encore la force de donner des ordres pour sortir de cet endroit fatal. Chaque tentative augmentait le nombre des malades. Enfin, le 17 mars, on redoubla d'efforts.

Écoutons M. Dumont-d'Urville rendant compte de cette critique et décisive opération :

« Quarante hommes sont hors de service, dit-il, et si nous laissons passer cette journée — le 17 mars 1828 — sans bou-

ger, demain peut-être il ne sera plus temps de vouloir quitter
Vanikoro. En conséquence, je suis décidé à tenter un dernier
effort. A six heures du matin, on commence à virer sur les ancres et on les retire les unes après les autres, manœuvre longue et pénible, attendu que le câble, la chaîne et le grelin
s'étaient entortillés les uns dans les autres, et que nous avions
peu de bras valides.

» Sur les huit heures, tandis que nous étions le plus occupés à ce travail, j'ai été fort étonné de voir venir à nous une
demi-douzaine de pirogues de Tevaï, d'autant plus que trois
ou quatre habitants de Mannevaï qui se trouvaient à bord ne
paraissaient en aucune manière effrayés à leur approche, bien
qu'ils m'eussent dit, quelques jours auparavant, que ceux de
Tevaï étaient leurs ennemis mortels. Je témoignai ma surprise
aux Indiens de Mannevaï, qui se contentèrent de rire d'un air
équivoque, en disant qu'ils avaient fait la paix avec les habitants de Tevaï, et que ceux-ci m'apportaient des cocos. Mais
je vis bientôt que les nouveaux venus n'apportaient que des
arcs et des flèches en fort bon état. Deux ou trois d'entre eux
montèrent à bord d'un air déterminé, se rapprochèrent du
grand panneau pour regarder dans l'intérieur du faux-pont et
s'assurer du nombre des malades. Une joie maligne perçait en
même temps dans leurs regards diaboliques. En ce moment,
quelques personnes de l'équipage me firent remarquer que
deux des trois sauvages de Mannevaï qui se trouvaient à bord
faisaient ce manége depuis trois ou quatre jours. M. Gressien,
qui observait depuis le matin leurs mouvements, avait cru voir
les guerriers des deux tribus se réunir sur la plage et avoir
entre eux une longue conférence.

» De pareilles manœuvres annonçaient les plus perfides
dispositions, et je jugeai que le péril était imminent. A l'instant j'intimai l'ordre aux naturels de quitter la corvette et de
rentrer dans leurs pirogues. Ils eurent l'audace de me regarder
d'un air fier et menaçant, comme pour me défier de faire mettre mon ordre à exécution. Je me contentai de faire ouvrir la
salle d'armes, ordinairement fermée avec soin, et, d'un front

sévère, je la montrai du doigt à mes insulaires, tandis que de l'autre je leur désignais leurs pirogues. L'aspect de vingt mousquets étincelants, dont ils connaissaient la puissance, les fit tressaillir et nous débarrassa de leur présence.

» Alors j'exhortai l'équipage à redoubler d'efforts et de courage, et je pressai le moment de l'appareillage, autant que le permettaient mes faibles moyens. Les malades eux-mêmes prêtèrent leur débiles mains à l'ouvrage, et nous pûmes enfin élonger une ancre à jet dans l'est par trente brasses de fond. Quoiqu'elle fût surjalée, nous fûmes assez heureux pour qu'elle tînt jusqu'au bout.

» Ce fut sur ce frêle appui que, le 17 mars 1828, à onze heures quinze minutes du matin, l'*Astrolabe* déploya ses voiles et prit définitivement son essor pour quitter Vanikoro. Nous serrâmes d'abord le vent le plus près qu'il nous fut possible, avec une bonne brise d'est-sud-est assez fraîche. Puis nous laissâmes porter sur la passe. Mais au moment même où nous donnions dans l'endroit le plus scabreux, celui où elle est semée d'écueils, un grain subit vint nous borner notre horizon dans un rayon de soixante à quatre-vingts toises.

» Accablé par la fièvre, je pouvais à peine me soutenir pour commander la manœuvre, et mes yeux affaiblis ne pouvaient se fixer sur les flots d'écume qui blanchissaient les deux bords de la passe. Mais je fus secondé par l'activité des officiers, et surtout par l'assistance de M. Gressien, que j'avais chargé de diriger notre route. Il nous servit de pilote et le fit avec tant de sang-froid, de prudence et d'habileté, que la corvette franchit sans accident la passe étroite et difficile par où nous devions gagner le large. Ce moment décidait sans retour du sort de l'expédition, et la moindre fausse manœuvre jetait la corvette sur des écueils d'où rien n'aurait pu la retirer. Aussi, malgré notre détresse, après quelques minutes d'anxiété, nous éprouvâmes tous, en nous voyant délivrés des récifs de cette île funeste, un sentiment de joie comparable à celui qu'éprouve le prisonnier qui échappe aux horreurs de la plus dure captivité. La douce espérance vint ranimer notre courage abattu,

et nos regards se tournèrent encore une fois vers les rives de
notre patrie, à travers les cinq ou six mille lieues qui nous en
séparaient... »

⎯⎯•⎯⤠⎯•⎯⎯

LE FŒDERIS-ARCA

PIRATERIE, ASSASSINAT DES OFFICIERS, DESTRUCTION DU NAVIRE,

En mai, juin et juillet 1864.

Depuis que ces lignes dernières sont écrites, la mer est
devenue le théâtre d'un abominable forfait, heureusement assez rare dans les annales de la navigation.

De quels crimes les hommes ne sont-ils pas capables quand
ils rejettent aussi bien le frein de la religion que celui des lois ?

Nos lecteurs vont en juger, et ils concluront comme nous,
que, dans ce terrible drame, on voit nettement le doigt de
Dieu, faisant d'un enfant l'instrument de sa Providence, pour
punir les coupables et faire expier un crime épouvantable.....

Au mois de mai 1864, le trois-mâts de commerce *Fœderis-
Arca*, armé à Marseille, se rendit au port de Cette pour y prendre un chargement de vins, charbons et spiritueux au compte
de l'Etat et à destination de la Vera-Cruz.

Ce navire était placé sous le commandement du capitaine
au long cours Richebourg, homme que tous les témoignages,
ainsi que les déclarations des gens de l'équipage, représentent
comme un caractère bienveillant, doux, peut-être même un
peu faible dans le commandement.

Le second, le sieur Aubert, était exact et ferme dans le service, sans toutefois qu'on pût lui reprocher aucun excès de
sévérité.

L'équipage se composait des nommés Pagès, qui, dans le
principe, remplissait les fonctions de maître d'équipage et au-

quel, après son débarquement, succéda Lénard; puis, Oillic,
Thépaut, Carbuccia, Charles Pierre, Daoulas, Marnier, mate-
lots; Leclerc, Chicot, novices; Tessier, matelot-charpentier;
Dupré, mousse; plus enfin le cuisinier Miller, et un passager,
Orsoni.

Comme par une affreuse ironie, le navire n'ayant que des
démons pour matelots, ainsi qu'on va le voir, portait le nom de
Fœderis-Arca, arche d'alliance! une des plus douces dénomi-
nations de la Vierge Marie.....

Le travail du chargement fut poussé avec une telle activité
que les dimanches même y furent employés; de là des murmures, puis un acte de désobéissance qui ne fut pas réprimé.

Après un refus général et formel de l'équipage de travailler
pendant l'après-midi du dimanche qui précéda le départ, plusieurs matelots, au nombre desquels Oillic, Thépaut et Lénard,
se firent conduire à terre, malgré la défense des chefs.

Déjà d'autres faits, graves en eux-mêmes et dont les consé-
quences devaient être funestes, se passaient clandestinement
à bord.

L'équipage s'était ménagé les moyens de pénétrer dans la
cale au vin, en dévissant un piston de fermeture de panneau,
et il y puisait largement. Le vin, monté à pleins seaux dans
le poste, était partagé entre tous, et d'abondantes libations
excitaient l'esprit d'insubordination.

Telles étaient les mauvaises dispositions manifestées déjà par
l'équipage, que le second, M. Aubert, écrivant à son frère,
quelque temps avant le départ, lui exprimait à diverses reprises ses inquiétudes à la pensée d'une campagne avec un équipage *ramassé çà et là par le capitaine*, et, disait-il pour expri-
mer son profond mépris, *composé d'un tas de fatras*.

Mais l'urgence du départ était si impérieuse que le capitaine
ne put même remplacer le maître d'équipage Pagès, qu'il se
trouva obligé de débarquer à Cette, et qu'il lui fallut confier
ces fonctions au matelot Lénard. Il refusa également de débarquer le matelot Thépaut, qui lui répondit d'un ton de menace « que ce ne serait pas à son avantage. »

Une fois en mer, les murmures allèrent croissant ; les réclamations contre la nourriture devinrent fréquentes, et cependant, au dire de la plupart des matelots, elle était suffisante
à tous égards. Le second écoutait les réclamations et y fit
même droit en remplaçant le bœuf par du lard.

Le seul grief que les hommes alléguaient contre cet officier,
c'est que, sans nécessité, à leur avis, il les dérangeait de leur
repas pour la manœuvre.

Personne n'a pu se plaindre d'un mauvais traitement de sa
part.

Rien donc ne pouvait motiver les crimes qui n'allaient pas
tarder à s'accomplir.

Le 29 juin, dans la journée, l'ordre est donné par le second
de passer les drisses des bonnettes. Cet ordre, adressé à tout
le monde, même à la bordée qui n'est pas de quart, excite le
mécontentement. Oillic et Thépant refusent de l'exécuter. Le
capitaine intervient et menace de se faire justice lui-même.
Il part en annonçant qu'il va inscrire les récalcitrants sur le
livre des punitions.

A dater de ce moment, les hommes s'excitent les uns les autres, et le vin qu'ils ont soustrait active leur effervescence.

Un nouvel ordre, donné par le second, pendant le souper,
y met le comble.

Dès lors, un complot est formé ; des conciliabules s'établissent sur le pont, et l'arrêt de mort des officiers y est prononcé.

Les rôles y sont distribués :

Thépant et Daoulas attaqueront le capitaine dans sa cabine ;
Oillic et Carbuccia se chargeront du second.

La nuit, qui s'était faite, rendait le moment favorable. Oillic
est à la barre : on lui envoie le novice Chicot, qui le rempla-
cera, sous un prétexte convenu, pour lui laisser la liberté
d'agir.

Les couteaux sont préparés, choisis ; on en attache deux
ensemble pour se faire une arme plus meurtrière.

Quelques instants après, le second, s'avançant pour donner
un ordre de manœuvre, Oillic le saisit par derrière ; Thépant,

Carbuccia et Daoulas essaient de le jeter à la mer. Doué d'une vigueur peu commune, Aubert repousse ses agresseurs, qui le frappent alors de leurs couteaux à coups redoublés. En vain appelle-t-il à son secours le maître d'équipage Lénard, qui se promène sur la dunette et reste témoin impassible de cette scène de boucherie.

Pierre aussi refuse de lui venir en aide et se range du côté des assassins.

Aubert parvient cependant à leur échapper ; mais saisi de nouveau et traîné sur le pont, on le jette par-dessus la lisse. Deux fois il réussit à rentrer sur le navire. Les couteaux ne suffisant pas, on détache une lourde brinqueballe de pompe en fer, on l'en frappe. Il tombe presque inerte de la lisse sur le pont. Alors on s'acharne sur lui : on le frappe à tour de rôle ; on lui fracasse le crâne ; enfin, on peut le jeter à la mer, où l'on entend encore un long gémissement.

— Il coule comme un plomb... Il était criblé de coups de couteau et complètement défiguré..., raconte Carbuccia.

Aux cris du second Aubert, le capitaine Richebourg était sorti de sa cabine, ses pistolets à la main.

Oillic, à sa vue, quitte la première victime et désarme le capitaine, avant qu'il ait pu se mettre en défense.

On lui met alors une corde au cou pour l'étrangler et on le conduit à la lisse, en lui portant aussi des coups de couteau. Il demande grâce ; on lui répond par des sarcasmes et des injures. Thépaut et Oillic veulent, par dérision, lui faire boire de l'eau-de-vie.

— Vous ne vouliez pas nous faire boire la goutte le matin, eh bien ! on vous en offre... C'est votre dernière heure, buvez ! lui dit-on.

Puis, une subite inspiration, que leur suggère, non pas, bien entendu, l'humanité, mais le soin de leur propre salut, leur fait demander au capitaine s'il est blessé. Sur sa réponse affirmative :

— C'est dommage, dit Thépaut, car nous l'aurions gardé deux ou trois jours...

Puis, s'adressant au capitaine :

— J'en suis bien fâché, mais vous irez à la mer...

Le maître Lénard, voyant cette hésitation, envoie Chicot leur dire qu'il ne faut pas le garder à bord ; que, puisqu'ils ont jeté le second, il faut qu'ils jettent aussi le capitaine, sans quoi ils sont tous perdus.

Et, pour hâter l'exécution, il leur crie de la dunette :

— A la mer ! à la mer ! jetez tout à la mer !

Le capitaine est aussitôt précipité par-dessus le bord. Il nage quelque temps et leur jette cette prophétie pour adieu :

— Que Dieu vous conduise !..... Mais tous vous aurez le cou coupé !.....

— C'est bien, va toujours... En attendant, ton affaire est faite... lui répond-on.

Et le navire continue sa route.

— Nous sommes les maîtres !... s'écrient les matelots.

Alors ils s'emparent des clefs du capitaine, pillent ses effets et ceux du second, et s'établissent dans la chambre, où ils se mettent à boire et à manger.

Cependant, les jours suivants, quand ces hommes incapables de diriger le bâtiment se voient seuls à bord, l'inquiétude les prend :

— C'est bien, disent-ils, mais qu'allons-nous faire ?

Les uns émettent l'avis : A terre. Mais comment ? Mais où ? puisqu'ils ne savent pas justement où ils sont.

Les autres, et leur avis est adopté, proposent de couler le *Fœderis-Arca*, de se mettre dans les embarcations en attendant le passage de quelque navire, et de se donner pour les victimes d'un naufrage accidentel. On convient d'un récit à faire dans ce cas, et on jure, sur un écrit rédigé par le cuisinier Miller, que celui qui trahira les autres sera chargé par eux de tous les méfaits communs et que l'on s'en vengera tôt ou tard.

Dans cet intervalle, le cuisinier s'enivrant constamment et se mettant ainsi dans l'impossibilité de faire son service, excita le mécontentement des autres. On exprima la crainte devant lui que, dans son ivresse à terre, il ne les compromît tous ; on parla même de le jeter à la mer. À quoi il répondit qu'il n'aurait besoin de personne pour cela, et qu'il le ferait lui-même.

Effectivement, ayant eu une dispute avec des matelots qui lui refusaient à boire, il serre la main du charpentier, et lui montrant silencieusement la mer, il s'y précipite.

— Va-t'en, lui dit-on; puisque tu t'y es jeté toi-même, on n'ira pas te chercher.

Alors les embarcations sont calfatées, des vivres sont préparés pour y être placés, et toutes les dispositions sont prises pour couler le navire. On perce des trous de tarrière dans la coque et l'on défonce toutes les barriques de la cale, pour que rien ne puisse flotter. Enfin, vers deux heures du matin, on descend dans les embarcations.

Le mousse Dupré, enfant de onze ans, était resté à bord. Il avait déjà été question de le faire disparaître, soit à terre, soit en le jetant à la mer, de crainte de ses indiscrétions. Il était enfermé dans une chambre, lorsqu'on se décida à le prendre dans le canot.

Oillic s'était chargé de les en débarrasser... disent les matelots.

Aussitôt l'équipage se répartit en deux embarcations.

À bord du canot : Oillic, Thépaut, Daoulas, Marnier, Leclerc et le mousse.

Dans la chaloupe : Lénard, Carbuccia, Tessier, Pierre, Chicot et le passager Orsoni.

On voulait constater de *visu* la disparition du *Fœderis-Arca*, en s'assurant qu'il n'en resterait aucun vestige accusateur.

Les deux embarcations restèrent donc amarrées dessus, à distance, jusqu'au moment où le bâtiment s'engouffra.

Ce fut le dimanche 3 juillet, vers neuf heures du matin.

Alors on mit à la voile, en se laissant pousser dans la direction du vent, naviguant de conserve. Le canot et la chaloupe s'accostèrent plusieurs fois, et, dans ces réunions, Lénard faisait réciter à chacun la fable convenue et reprenait quand on se trompait. On y complota de nouveau la mort du mousse. Il fut décidé qu'on le jetterait à la mer pendant la nuit, et l'on

recommanda aux hommes de la chaloupe de ne pas le sauver.
Ceux-ci trouvaient que l'on tardait bien. Aussi s'écrièrent-ils
à plusieurs reprises aux hommes du canot :

— Qu'est-ce que vous faites donc ? Vous perdez du temps...
Débarrassez-vous enfin !

Hélas ! le 4 juillet, vers sept heures et demie du soir, Marnier crie à Lénard, qui commandait la chaloupe, de laisser
porter, qu'il allait délester..... Or, ce lest dont ils voulaient se
débarrasser, c'était le pauvre petit mousse, qui, pendant ce
temps, dormait sur l'avant.

En effet, sur l'ordre de Oillic, Leclerc réveille l'enfant, en lui
jetant un seau d'eau à la figure, puis il le saisit « entre les
jambes et le collet pour le jeter par-dessus le bord. » Mais le
mousse se débat en criant. Leclerc le lâche, et Oillic, aussitôt,
le saisissant avec violence, le précipite à la mer...

— Donne-lui des coups d'aviron, pour le faire déborder !...
crie Lénard.

Mais cet ordre n'est pas exécuté.

L'enfant nageait bien et implorait ses assassins... Pendant
dix minutes au moins, on l'entendit appeler à son secours et
sa mère, et Dieu ! Puis sa voix s'éteignit...

Personne ne le secourut. Un seul de ces hommes, Tessier,
éprouva un moment de pitié et prétend s'être bouché les oreilles
pour ne pas entendre les cris. Voilà le seul éclair d'humanité
qu'on rencontre pour opposer à tant d'atrocités.

Cependant une voile parut à l'horizon.

— Il était temps de nous débarrasser du mousse... dirent ces
misérables.....

Cette voile était un bâtiment danois à bord duquel les soi-
disant naufragés furent reçus et recueillis avec la sympathie
naturelle que devait inspirer le récit, si soigneusement appris
et répété, de leurs prétendus malheurs.

Débarqués aux îles du Cap-Vert, ils y furent rencontrés
par la corvette à vapeur le *Monge*, qui les ramena à Brest.

Ici, leur fable eut le même succès, et tous ces matelots
eurent la permission de se disperser.

Le silence semblait donc leur avoir assuré l'impunité.

Mais, des détails insignifiants en apparence, et qui par là même avaient passé inaperçus dans la première enquête, n'échappèrent point à la sollicitude d'un frère. Le sieur Aubert, frère du second du *Fœderis-Arca*, demanda une nouvelle enquête qui vint malheureusement échouer encore contre l'obstination du novice Chicot.

En outre, la crainte de se voir compromis par les variations que sa mémoire infidèle pouvait introduire dans le récit concerté sur la perte du *Fœderis-Arca*, la tristesse dont le souvenir de ces événements le pénétrait, enfin les exhortations de sa mère, déterminèrent ce jeune homme à dire enfin la vérité.

Chicot était devenu tout rêveur, et sa mélancolie augmentait de jour en jour.

— Qu'as-tu donc ? lui demandait sa mère.

Et il répondait :

— Je pense à mon pauvre capitaine !

Enfin, torturé par ses remords, obéissant aux incitations incessantes de sa conscience, Chicot révéla à sa mère, en la priant de prévenir le juge d'instruction, un des plus horribles drames dont les annales maritimes fassent mention.

Sur ses indications, la justice saisit les accusés, déjà répandus sur tous les points du globe.

Carbuccia fut trouvé à Marseille ; Lénard à Anvers; Thépaut et Marnier au Hâvre.

L'un d'eux, Daoulas, retrouvé fort au loin, fut saisi et amené en France. Mais au moment d'atteindre les côtes, il échappa soudain, malgré les fers qui le couvraient; et sans qu'on puisse expliquer cette disparition, se jeta-t-il à la mer, ou son évasion, à l'aide d'un autre navire qui passa sans doute dans le voisinage fut-elle facilitée par quelque main amie, on ne saurait le dire, toujours est-il que le captif fut introuvable...

Un autre des coupables, Marnier, mourut à peu près dans le même temps.

Enfin, on demeura à tout jamais sans nouvelles du passager Orsoni, renvoyé des poursuites et seul témoin des faits.

Le nombre des accusés se trouve donc réduit à huit :

Jean Lénard, maître d'équipage ;

Pierre Oillic, François Thépaut, Antoine Carbuccia, Charles Pierre, matelots ;

Tessier, matelot-charpentier ;

Pierre Leclerc et Julien Chicot, novices.

Maintenant, si l'on recherche les mobiles qui ont poussé ces hommes à de tels actes de férocité, on doit reconnaître d'abord un grand esprit d'insubordination, de haine et de toute autorité, qui, par une fatale coïncidence, s'est rencontré à un haut degré chez les matelots du *Fœderis-Arca*. Le contact et le mauvais exemple l'ont propagé chez les autres, et enfin l'abus des liqueurs alcooliques, sous une température élevée, l'a excité jusqu'à la fureur.

On ne saurait méconnaître non plus, quoi qu'ils en disent, que la cupidité fut loin d'y être étrangère, puisque déjà ils avaient frauduleusement soustrait une partie du chargement des spiritueux du navire, qu'ils avaient le plus grand intérêt à masquer ces détournements, et qu'enfin leur premier soin, après qu'ils furent devenus les maîtres, par l'assassinat des officiers, fut de se livrer au pillage et de se partager les dépouilles de leurs victimes.

Que si, plus tard, ils ont coulé le navire et jeté à la mer les bijoux et objets précieux qu'ils avaient soustraits, c'est qu'alors le soin de leur sûreté parlait plus haut que la cupidité.

Mais, quels que soient ces mobiles, il ressort de la procédure que :

Le 29 juin 1864 et jours suivants, les accusés, alors qu'ils faisaient partie de l'équipage du navire de commerce français le *Fœderis-Arca*, s'emparèrent dudit navire par violence envers le capitaine, avec cette circonstance que ce fait fut accompagné, précédé et suivi d'homicides volontaires sur les personnes des nommés Aubert, second capitaine, Richebourg, capitaine, et Dupré, mousse.

En conséquence, les accusés furent envoyés devant le premier tribunal maritime permanent, sous l'accusation d'avoir commis les faits sus-indiqués, qui constituent le crime de piraterie.

C'est à Brest que le jugement dut avoir lieu.

Le tribunal maritime permanent se composait en cette circonstance de MM. Pichon, capitaine de vaisseau, président; Riou, commissaire adjoint de la marine; Piot et Brindejonc de Birmingham, lieutenants de vaisseau ; le Guillou de Penauros, juge au tribunal civil; et Cléra, juge suppléant.

On avait cru d'abord qu'il n'y aurait pas de témoins dans cette affaire ; mais six furent assignés ; quatre seulement durent se présenter devant le tribunal.

Voici quelques détails sur la prison de Pontaniou, sise à Brest, dans laquelle furent enfermés les accusés du *Fœderis-Arca*. Je l'ai visitée, je suis en mesure d'en parler *de visu*.

Comme Pontaniou est placée dans le port de guerre, il fallut d'abord me faire autoriser à pénétrer dans l'arsenal, et pour cela je dus m'adresser à la préfecture maritime. Puis il me fallut aussi faire appel à l'obligeance du chef de service. Bref, vers midi, sous une pluie battante, je franchis la grille du port de guerre, et je montai à l'assaut de la plate-forme qui domine l'arsenal. C'est là qu'est la prison. Ma visite commença aussitôt.

Le rez-de-chaussée est pris par la cuisine, le parloir, le logement des gardiens, et des cachots que je ne croyais exister que dans le cerveau des romanciers.

Que le lecteur veuille bien se représenter un espace de douze pieds carrés, dallé de larges pierres, avec un lit de camp en bois, à l'extrémité duquel une grosse barre de fer retient les pieds des prisonniers. Pas la moindre fenêtre, la moindre lucarne, le moindre guichet pour éclairer ce lieu sombre, dont, la porte ouverte, on ne voit pas même les murs. On enferme là le détenu dangereux, indiscipliné. Il paraît qu'au bout de trois jours le plus robuste demande grâce.

Au premier, sont des cellules suffisamment éclairées et aérées, et quelques ateliers où les détenus font de l'étoupe et vivent en commun. Il ne doit y avoir à Pontaniou que des

condamnés à moins de six mois. Les autres sont enfermés à
bord de l'*Hercule*, ancien vaisseau qui sert de prison flottante,
ou dirigés vers les pénitenciers des colonies.

C'est au second étage que sont les prévenus du *Fœderis-
Arca*. Un factionnaire et un gendarme ne quittent pas le cor-
ridor sur lequel ouvrent leurs cellules. Carbuccia et Lénard,
le maître d'équipage, sont ensemble. Oillic et Thépaut sont
isolés. Les trois autres, Pierre, Tessier et Leclerc le novice,
sont réunis. Quant à Chicot, le novice qui a tout révélé, il est
à l'hôpital.

A part ces cachots rapidement esquissés, et dont on fait
rarement usage, le régime de la prison est des plus humains.
Les détenus ont la ration du matelot embarqué, moins le vin
toutefois. Ils se promènent une heure ou deux par jour dans
la cour de la prison. Il leur est permis de fumer à certains
moments, et ils couchent dans des hamacs, comme à bord.
Seulement, les livres sont rigoureusement interdits.

J'allais oublier la chapelle. Elle est au dernier étage de la
prison. Les détenus y sont placés par catégories et séparés par
les gardiens et les factionnaires.

Voici quelques traits de la physionomie des accusés en
question.

Jean Lénard, le maître d'équipage, placé en première ligne
par l'accusation, est un homme de belle taille. Ses yeux gris-
bleu ont une expression calme; il a une barbe blonde et n'a ni
favoris ni moustaches. L'ensemble de sa physionomie annonce
un homme réservé, prudent, mais énergique.

Pierre Oillic porte sur un front un peu bas des cheveux noirs
et crépus. Oillic rit toujours en répondant aux questions qu'on
lui adresse, il semble vouloir tout tourner en plaisanterie.

D'une taille moyenne, François Thépaut a un front peu développé, des yeux roux, un nez épaté, qui, joint à une large bouche, donne à son visage un aspect bestial.

Antoine Carbuccia, qui a des cheveux châtains, un front
élevé, des yeux roux et un teint coloré, n'a pas une mauvaise
figure. Il avait toujours vécu sur mer, aussi bien que Lénard.

Quoiqu'il ne sache ni lire ni écrire, il a tant bien que mal formé sa signature au bas des interrogatoires qu'il a subis. Ses lettres sont tremblées. Ce prévenu ne compte que vingt-six ans.

Charles Pierre, dit Pierri, est un mulâtre né à la Guadeloupe. C'est le plus grand et le plus âgé des accusés. Sa tête est pleine d'énergie. Des sourcils épais, des cheveux longs et crépus, des yeux fauves d'une grande vivacité, que son teint basané fait ressortir encore, donnent à sa physionomie un caractère d'expression toute particulière.

Le plus âgé des accusés, après Pierri, c'est Antoine Tessier, le matelot-charpentier. Il a une large barbe blonde, avec des favoris. Son front très développé est proéminent à la naissance des cheveux. C'est lui qui prétend s'être bouché les oreilles pour ne pas entendre les cris du petit mousse qu'on avait jeté à l'eau.

Pierre Leclerc, novice, l'un des plus jeunes des accusés, a un front bas, une physionomie peu ouverte et insignifiante.

Vient en dernier lieu Julien Chicot, le révélateur des faits atroces reprochés aux accusés, l'instrument de la Providence, le doigt de Dieu. Il a un front déprimé, couvert par des cheveux châtains. Ses traits allongés, son visage ovale, ses joues creuses, ses yeux bleus et rêveurs lui donnent une expression de mélancolie très marquée.

Voici, à peu près, la déposition de ce Julien Chicot :

« — Je n'ai eu connaissance d'un complot formé par l'équipage contre le second et le capitaine, que le 29 juin, vers quatre heures et demie du soir. Le charpentier, qui était presque ivre-mort, était couché sur le pont. Je l'entendis murmurer en ces termes :

» — Cochon de capitaine, cochon de second, il faut les f..... à la mer !

» Il commençait à faire brun. J'étais au bossoir, j'allais et venais, et je vis Daoulas chargé d'une caisse de vermouth qu'il déposa dans le rouffle. La caisse fut brisée et chacun prenait une bouteille, qu'il jetait à la mer, vide ou non. Le passager faisait comme les autres. Je dirai même qu'il avait une

grande haine contre le capitaine, qui, prétendait-il, ne le trai-
tait pas assez bien pour son argent.

» Le passager s'entretenait en langue corse avec Carbuccia.
J'entendis murmurer à voix basse ; les matelots allaient et venaient, et je saisissais ces mots :

» — La mer... il faut le jeter... Quand le capitaine sera
couché, on fera du tapage à l'avant ; le second viendra, on le
saisira, et on le jettera à la mer.....

» Lénard, pendant ce temps, était couché et ne se montrait
pas sur le pont, non plus que le novice Leclerc. Je crois que
tout l'équipage complotait, parce que, dans l'après-midi, sur
les quatre heures, il y avait eu à bord beaucoup de mécontentement, manifesté surtout par Oillic, Thépaut et Carbuccia,
qui, n'étant pas de quart, disaient-ils, avaient refusé de passer
les drisses de bonnette, sur l'ordre du second.

» Le second était allé chercher le capitaine, et celui-ci était
venu les sommer d'exécuter cette manœuvre.

» — Nous ne monterons pas, avaient-ils répondu, parce que
nous ne sommes pas de quart.

» — Je suis trop bon pour vous, avait répondu le capitaine ;
maintenant je vais vous mener plus rudement, et n'importe où
il sera, je brûlerai la cervelle à celui qui ne m'obéira pas...

» Le capitaine entra dans sa cabine et inscrivit sur le livre
de punitions Oillic et quatre autres. Je sais que le capitaine
avait retranché un demi-mois de solde à Oillic, et peut-être
aussi à Thépaut et à Carbuccia.

» Le capitaine alla parler au second et resta avec lui à l'arrière pendant une demi-heure. Il pouvait être cinq heures du
soir. J'aurais bien voulu les prévenir du complot qui se tramait,
mais ils avaient l'œil sur moi. Le charpentier était sur le pont ;
Pierre était au bossoir, et deux autres matelots se promenaient
sur le pont. Oillic tenait la barre. A ce moment il était bien
décidé que le second serait jeté à la mer ; ils avaient l'intention
de le faire disparaître, comme s'il était tombé par accident.

» Voyant que je ne pouvais rien faire pour le capitaine et le
second, parce que, si j'étais vu, je serais jeté à la mer, je passai à

l'avant et Thépaut ou Carbuccia, mais je crois que c'était Thépaut, me dit :

» — Tâche d'aller remplacer Oillic à la barre...

» Il me recommanda en même temps de ne pas me laisser voir du second, parce qu'il exigerait sans doute que Oillic fît son heure à la barre. Il pouvait être six heures ou six heures un quart quand je pris la barre, et Oillic me dit de dire au second, s'il le demandait, qu'il était allé à la poulaine.

» Nul ne pourrait donner des détails aussi bien que moi, car j'étais sur la dunette. Je voyais tout, et la plupart des hommes avaient bu beaucoup.

» Il y avait environ vingt minutes que j'étais à la barre, lorsque le second vint commander d'amener la bonnette de hune. Je crois que les matelots ne répondirent pas. Plusieurs s'élancèrent sur le second. J'entendis un cri, je quittai la barre et je m'avançai sur le bord de la dunette. A dix pas de moi, je vis quatre ou cinq matelots essayer de jeter le second à la mer. Il y avait Thépaut, Oillic, Carbuccia et Daoulas. Je ne sais pas si le matelot-charpentier, qui était ivre, leur a prêté main forte. Le cuisinier sortit de sa chambre, monta sur la chaloupe et regarda ce qui se passait.

» Le second fut jeté par-dessus la coupe ; mais comme il était le plus fort du bord, il parvint à rentrer sur le pont. Quand les matelots se précipitèrent sur M. Aubert, il commença par appeler Lénard à son secours. Ensuite il appela le capitaine, et puis Pierre, etc. Lénard sortit de sa cabine et se promena sur la dunette, sans rien dire ; il ne me parla même pas. Le second, étant remonté sur le navire, fut frappé à coups de couteau, par Daoulas, qui était le plus acharné de tous. Carbuccia était également acharné. Oillic et Thépaut avaient le couteau à la main. Le second fut encore précipité en dehors des haubans, auxquels il se retenait. Ce fut alors que Daoulas prit une brinqueballe de pompe, pesant environ dix kilogrammes, et lui en porta des coups sur la tête. Oillic, au moment où le second venait de retomber sur le pont, prit la barre des mains de Daoulas et acheva d'assommer M. Aubert, qui ne criait plus

parce qu'il était étouffé par le sang, et qui ne faisait entendre
que des plaintes...

» J'ai vu Daoulas, son couteau brisé à la moitié de la lame.
Thépaut avait la lame du sien recourbée. Je lui ai entendu
dire que c'était sur la tête du second que la lame de son couteau s'était ainsi couchée. Il avait une blessure à la paume de
la main...

» Je ne puis pas dire combien M. Aubert a reçu de coups
de couteau, car son corps en était criblé. Mais il n'était pas encore complètement mort lorsque le charpentier, Daoulas et
Carbuccia l'ont jeté à la mer. En effet, je l'ai entendu pousser
un long soupir.

» Le capitaine, ayant entendu du bruit, s'était levé et était
sorti de sa cabine, tenant en main des pistolets. Oillic, qui
finissait de frapper le second, s'élança vers lui, en lui disant:

» — Coquin, tu t'es armé de tes pistolets, tu mériterais que
je te brûle la cervelle !...

» Il saisit aussitôt le capitaine, qui ne put faire usage de ses
mains. J'arrivais de la barre que j'avais reprise pour mettre
le navire en route, lorsque j'entendis Thépaut lui dire:

» — Tu vas être jeté à la mer, comme ton second...

» Déjà Oillic avait lancé par-dessus bord les pistolets du capitaine. Alors, aidé de Thépaut, ils conduisirent le capitaine
à la coupée. Chemin faisant, Daoulas porta un coup de couteau au malheureux officier, et Carbuccia lui en porta deux
dans le flanc gauche. En arrivant à la coupée, Thépaut dit au
capitaine:

» — Etes-vous blessé?

» — Oui, répondit le capitaine; j'ai reçu deux ou trois
coups de couteau.

» Et il porta la main à son flanc gauche.

» Il était, en ce moment, sept heures et demie du soir.

» Le capitaine reçut encore une nouvelle blessure.

» — François, dit-il, ne m'assassinez pas: vous m'avez promis de me jeter à la mer, jetez-moi à la mer.

» Il avait dit d'abord:

» — Mes amis, gardez-moi ; rien ne vous arrivera, et vous aurez tout ce que vous voudrez...

» J'oubliais de dire aussi que, au moment où Thépaut avait demandé au capitaine s'il était blessé, il s'était retourné vers ses camarades, et leur avait dit :

» — C'est dommage, car nous l'aurions gardé deux ou trois jours.

» Lénard, qui avait entendu ces paroles, vint me trouver et me dit :

» — Va leur dire qu'il ne faut pas qu'ils le gardent à bord ; que, puisqu'ils ont jeté le second, il faut qu'ils le jettent aussi, lui, sans quoi ils sont tous perdus.....

» En me retournant, j'entendis Lénard, qui était derrière moi, crier :

» — À la mer ! à la mer !

» Je leur ai dit à haute voix, devant le capitaine, ce que Lénard m'avait donné ordre de leur dire. Le capitaine ne prononça plus d'autres paroles que celles que je viens de rapporter. Les matelots l'entourèrent, excepté Marnier et Leclerc, et à deux ou trois ils le jetèrent à la mer sans qu'il fît résistance. Je vis Oillic porter la main sur lui. Lénard, lui, ne fit que donner le conseil de le jeter à la mer.

» Le capitaine, une fois à l'eau, nagea pendant quelques minutes, et les dernières paroles qu'il prononça d'une voix très forte, furent celles-ci :

» — Que Dieu vous conduise, mais vous aurez le cou coupé !...

» Je pense qu'il se laissa couler alors pour ne pas souffrir longtemps.

» En entendant les paroles du capitaine, deux ou trois matelots lui répondirent :

» — Oui, va toujours ; mais, en attendant, ton affaire est faite !

» Le mousse, en entendant sortir le capitaine, avait lui-même quitté sa cabine et s'était mis sur le seuil à pleurer. Il avait grand'peur. Je le fis entrer dans sa cabine et je l'y enfermai.

» Le premier soin des matelots, après la mort du capitaine,

fut d'entrer dans sa chambre, de s'emparer des papiers du bord, de les déchirer et de les jeter à la mer...

» Thépaut me demanda les clefs de toutes les armoires, parce qu'il savait que je connaissais la chambre, ayant fait le service du capitaine. Il me demanda, ainsi que plusieurs autres, où était le mousse. Je lui dis qu'il avait tout vu et que je l'avais enfermé dans sa cabine. Thépaut m'ordonna d'aller ouvrir la porte et de laisser le mousse en liberté.

» C'est dans la chambre que j'ai vu, encore armés de leurs couteaux, Oillic, Carbuccia, Thépaut et Daoulas. Je remarquai que Thépaut avait une blessure à la paume de la main droite. On pensait que c'était Daoulas qui, dans la lutte, lui avait fait cette blessure. Leurs vêtements étaient couverts de sang. Ils demandèrent à voir le livre des punitions, sur lequel figuraient Oillic, Daoulas, Thépaut, et peut-être le cuisinier. Ils voulurent aussi visiter le registre du bord ; puis ils allèrent changer leurs vêtements. Daoulas jeta son couteau à la mer, disant qu'il ne voulait plus manger avec, parce que cela le dégoûtait. Chacun regagna ensuite sa cabine, et le service se fit comme si rien ne s'était passé.

» Le lendemain matin, le cuisinier refusant d'allumer du feu et de travailler, je demandai à Carbuccia quelle cuisine il fallait faire '

» — Celle que tu voudras, me répondit-il ; maintenant nous sommes les maîtres.....

» Durant ce temps l'équipage buvait du cognac qu'on avait pris dans la chambre du capitaine. Quant au cuisinier, il avait passé la nuit à boire.

» Les gens du bord exigèrent alors que je leur servisse à manger dans la chambre du capitaine, en me disant :

» — Imbécile, crois-tu que nous allons manger sur le pont ? Nous sommes tous égaux, nous mangerons ensemble.

» Le pont fut lavé, et le charpentier jeta à la mer un bout de heaume ensanglanté par la tête de M. Aubert.

» Thépaut se mit ensuite à visiter les effets du capitaine, les partagea entre les matelots, et jeta les chapeaux par-dessus bord, après les avoir foulés aux pieds. Les chronomètres furent brisés. Quant aux bijoux que possédait le capitaine, les matelots se les partagèrent. Mais tout cela fut jeté à la mer, parce qu'ils craignaient que cela ne vînt à les compromettre. Lénard prit la montre du capitaine et Thépaut celle du second. Les bottes et les chaussures furent gardées et échangées..... »

Telle est la déposition de Chicot, et c'est sur cette déposition que la justice s'est emparée des prévenus, et les cite à son tribunal.

L'arrivée des neuf accusés dans le port a mis toute la ville de Brest en émoi. La foule était immense, dans toutes les rues qui avoisinent et le port et le Pontaniou. Chacun de ces hommes était accompagné de trois gendarmes. Mais elle fut bien plus grande encore quand on conduisit les coupables de Pontaniou au palais de justice.

Il fallait qu'ils traversassent tout le port, sur une sorte de large passerelle placée presque à fleur d'eau, et qui fut construite sur les indications de l'amiral Trehouart, dont elle a pris le nom.

Or, parallèlement à cette passerelle, un peu plus près de la magnifique rade de Brest, est un pont de bateaux qui s'ouvre pour laisser passer les vaisseaux, et à cent neuf marches au-dessus est le pont Napoléon, sous lequel peut passer un brick-goélette sans déranger sa mâture. Mais quand se présente une frégate, il faut bien lui faire passage, et alors ce merveilleux chef-d'œuvre se coupe par le milieu. Chaque moitié de cette masse énorme, et pourtant si légère à l'œil, tourne sur elle-même, et deux hommes, manœuvrant une barre d'anspect, suffisent pour le faire pivoter comme une simple porte d'écluse du canal Saint-Martin, à Paris.

C'est là que s'était portée cette foule innombrable pour voir les accusés traverser la passerelle. On put alors juger de la solidité du pont qui résista sous le poids. En outre, une autre foule aussi compacte les attendait à leur sortie du port et formait sur leur passage une haie épaisse, jusqu'à la rue de la Voûte, où siège le tribunal maritime.

Cette rue de la Voûte ne paraît pas longue, car elle est subitement barrée par une voûte noire sous laquelle grimpe un large escalier de pierre, de quarante à cinquante marches, avec une rampe de fer de chaque côté. En haut de ces marches, la rue se prolonge, mais avec un tout autre aspect. On dirait que l'on vient de changer de quartier.

A gauche, avant d'arriver à la voûte, se trouve un bâtiment régulier qui est vieux d'un siècle tout au plus. On arrive par deux perrons à huit marches à une petite terrasse dont le parapet est dans l'alignement de la rue. La façade est en retrait de trois mètres environ. C'est là l'hôtel du conseil de guerre maritime et du conseil de révision.

Au premier étage est la salle d'audience. Elle est vaste, très large et surtout bien éclairée par six grandes fenêtres, cinq de chaque côté. Celles de gauche ouvrent sur la rue de la Voûte. Des cinq autres, on domine l'arsenal et le port.

Au fond de la salle est une estrade circulaire. C'est là que siègent les juges autour d'une table en fer à cheval. Derrière le président, qui occupe le centre, se trouve un crucifix sculpté et au-dessous un buste de l'Empereur. Entre chaque fenêtre, et de distance en distance, sont des pilastres imitant le marbre blanc, et des rideaux de damas rouge éteignent un peu le double jour qui éblouit.

J'ai dit plus haut que le tribunal était composé de M. Plichon, capitaine de vaisseau, commandeur de la Légion-d'Honneur, président, de M. Leguillon-Penanros, juge au tribunal de première instance, Kernevez, juge suppléant, Riou, commissaire-adjoint, Piot et Brindejouc de Birmingham, lieutenants de vaisseau, Bienaymé, sous-ingénieur, et Lescop, greffier.

Au pied du tribunal, directement en face, sont les accusés, sur deux bancs.

Après la lecture de la déposition de Chicot, le greffier donna connaissance au tribunal des lettres de M. Aubert, frère du second du *Fœderis-Arca*. Alors on croyait encore à un simple accident de mer, et ces lettres, en demandant une nouvelle enquête, ont été le nouveau point de départ de l'accusation.

On ne peut trop admirer cette ténacité du frère et du marin, dont ni l'affection ni la sagacité ne sauraient être trompées par la fable mise en circulation par les accusés. Ce n'est pas en son nom seulement qu'il demande justice, c'est au nom de la marine tout entière. Les révoltés du *Fœderis-Arca* avaient prétendu d'abord qu'ils avaient quitté le navire en même temps que leurs officiers, mais que ceux-ci s'étaient embarqués dans la baleinière, pendant qu'ils se confiaient, eux, à la chaloupe et au canot. Ils avaient ajouté que la baleinière avait coulé, entraînée par le tourbillon, lorsque le bâtiment abandonné avait sombré. Cette version avait été admise. Mais M. Aubert dé montre sa fausseté par des arguments logiques irrésistibles.

— Comment supposer un seul instant, dit-il, qu'au moment d'abandonner leur navire, le capitaine et le second se soient réservé la plus petite des embarcations, et ne se soient point partagé les commandements, l'un de la chaloupe, l'autre du canot? C'était en même temps leur devoir, leur intérêt et celui des prétendus naufragés, qui, sans officiers, allaient errer à l'aventure dans les parages les plus déserts du grand Océan.

Parmi les quelques témoins assignés, M. Aubert attire tous les regards, avec le plus vif intérêt. C'est un homme jeune, grand, à la physionomie ouverte, intelligente. Il est vêtu de noir. Tout en répondant aux questions du président, il a peine à quitter des yeux le banc des accusés, qui baissent la tête.

Je ne vais pas redire ici l'interrogatoire des prévenus.

Lénard prétend n'avoir rien connu du complot des matelots du *Fœderis-Arca*, dont il était le maître d'équipage, et n'être arrivé sur le pont qu'après le meurtre du second. Alors il a eu peur, et selon lui, il est resté spectateur épouvanté de l'horrible drame qui se passait sous ses yeux, à quelques pas de lui. C'est là un aveu honteux qui sort à voix basse de ses lèvres. Quant à l'ordre de noyer le mousse, que Oillic et Carbuccia disent lui avoir entendu donner de la chaloupe, il le nie formellement.

Après son interrogatoire, qui a été écouté avec des ricane-

7

ments et des haussements d'épaules de ses coaccusés, Lénard reprend sa place en souriant à son avocat, comme pour lui demander s'il est content de lui.

Oillic s'avance alors, et, à sa vue, il se produit un mouvement dans l'auditoire. Son parti semble pris et il répond avec une certaine franchise. Il avoue presque tous les faits qui lui sont reprochés, sauf la mort du mousse, qu'il comprend être l'acte le plus cruel du drame où il a joué un rôle si important. Il le met sur le compte de Marnier, l'accusé qui est mort. Et, quand le président lui demande pourquoi il a tué le capitaine et le second :

— Je me suis vengé, voilà tout... répond-il. M. Aubert m'avait injurié, et le capitaine m'avait menacé de me brûler la cervelle.

Le croira-t-on jamais ! Alors qu'il s'agit du pauvre petit mousse de onze ans, réveillé brutalement avec un seau d'eau pendant son sommeil, et jeté à l'eau, au milieu de l'Océan, pendant la nuit ; lorsque l'on croit entendre encore la voix de ce malheureux enfant, qui luttant contre la mort, essaie d'éveiller la pitié de ses bourreaux en criant : Ma mère, à moi !... Mon Dieu, sauvez-moi ! et que les accusés avouent qu'il nagea plus d'un quart d'heure. Quand ce crime leur est reproché, ils n'ont qu'un éclat de rire, les infâmes ! Oh ! le cœur est saisi de dégoût, on perd toute pitié, on se retrace toutes ces scènes de meurtre, de boucherie ; on est saisi d'épouvante à cette pensée que, sans les révélations du novice Chicot, ce crime pouvait rester impuni.

Mais, grâces à Dieu, sa providence veillait, et elle a inspiré un autre enfant, afin de faire punir cet abominable forfait...

Un fait bizarre et bien rare dans les affaires où, comme dans celle du *Fœderis-Arca*, il y a un grand nombre d'accusés, c'est combien peu ceux qui sont présents chargent les absents. Cette façon d'agir semblerait devoir donner un certain air de vérité à leurs déclarations. On s'attendait à entendre nommer à chaque instant Marnier, qui est mort, et Daoulas, qui a disparu. Daoulas! nom prédestiné, car en bas-breton ce nom signifie *double meurtre*... Il n'en est rien. Marnier et Daoulas n'ont que leur part dans la série des faits. Quant au passager Orsoni, personne ne prononce son nom, et le rôle qu'il a joué à bord du navire est encore un mystère.

Nous avons dit que Lénard est un bel homme, avec un bouquet de barbe blonde au menton. Oillic, lui, est hideux à voir. C'est un homme de trente ans, petit, noir, avec une chevelure énorme qui lui tombe sur des yeux brillants profondément enfouis dans leur orbite.

Thépaut remplace Oillic devant le tribunal et n'y fait pas meilleure figure. Il a en effet une physionomie basse et repoussante. Son front est bombé, ses yeux caves, sa face blême, ses os maxillaires très développés. On dirait un nègre blanc. C'est le moins bien vêtu de tous. Il répond à voix brève au président :

— J'étais sous le coup de la boisson ; j'étais fou et je ne savais pas ce que je faisais.....

Il avoue avoir donné un coup de couteau à M. Aubert et avoir tenu le capitaine pendant qu'on jetait le second à la mer.

A l'appel de Carbuccia, un mouvement se produit dans l'auditoire. Chargé par ses coaccusés, il semble le chef du complot.

C'est un Corse, petit, trapu, à l'œil oblique. Il est rasé de frais, soigneusement coiffé et presque élégamment habillé, relativement s'entend. Devant le juge d'instruction, il a avoué assez franchement les faits qui lui sont reprochés, et il semble devoir confirmer ses aveux devant le tribunal. Mais son caractère sombre, défiant, reprend rapidement le dessus, et le président ne peut bientôt plus en obtenir que des phrases pleines de doubles sens et de restrictions.

Il a, comme tout le monde, refusé, à Cette, de travailler *non pas au navire, mais au chargement*. Il a également volé du vin dans la cale, et si personnellement il n'a jamais eu à se plaindre des officiers, il dit que le second les dérangeait toujours inutilement, et ne leur laissait pas le temps de manger. La révolte est venue, selon lui, d'un ordre de passer les drisses de bou-

nettes à ceux qui n'étaient pas de quart. Habilement poussé
par le président, il ajoute :

— J'ai agi par vengeance, j'étais ivre, et alors j'ai donné un
coup de couteau au capitaine et j'ai aidé à le jeter à la mer.
Mais ce n'est pas moi qui ai voulu le faire boire, c'est Oillic.
Je lui ai dit seulement, en lui montrant la coupée, que c'était
par là qu'il allait passer.....

Ce n'est pas ce que disent ses complices. Ils prétendent
qu'il frappait sans cesse, et que c'est lui qui a crié :

— A la manière dont ils nous mènent, ce qu'il y a de mieux
à faire, c'est de nous en débarrasser.

Carbuccia, mis en face de Thépaut et d'Oillic, refuse de les
regarder.

— Oh ! je le connais bien ! dit ce dernier au président.

Et on voit ces monstres prêts à rire....

Tessier, peu chargé par ses compagnons, a du reste une physionomie douce qui prévient en sa faveur, et de bons antécé-
dents. Il est le premier qui semble comprendre la gravité de la
situation. Après avoir avoué qu'il a désobéi comme les autres,
sans avoir à se plaindre des officiers, il nie tous les faits de violence. Il a été simple spectateur du haut de la chaloupe, et s'il
a fait des trous de tarrière dans le navire pour le faire couler,
c'est sous la menace d'Oillic et des autres. Il raconte ensuite
la mort du cuisinier et celle du mousse, avec une émotion qui
ne paraît pas feinte. Continuellement menacé par l'équipage,
le cuisinier était constamment en proie à une terreur profonde.
Le surlendemain du meurtre, Tessier le trouva accroupi dans
la chambre du capitaine et pleurant. Il lui raconta alors qu'on
avait voulu l'empoisonner; et, en effet, il avait auprès de lui
une bouteille d'essence à moitié vide.

— Je l'emmenai alors sur l'avant, dit Tessier ; mais en
arrivant par le travers de la chaloupe, il me tendit la main en
disant :

— Adieu ! ça ne peut pas durer comme ça...

Et il se jeta à la mer avant que j'aie pu l'en empêcher... Il
faisait nuit... Aussi je ne le revis plus.

Quant au mousse, j'étais dans la chaloupe et je dormais lorsque je fus réveillé par ses cris. On l'avait jeté à la mer du canot. On criait de prendre garde de passer dessus. Je me suis bouché les oreilles pour ne pas l'entendre, et si je n'ai pas essayé de le faire sauver, c'est que c'eût été me perdre moi-même.

Ce récit impressionne vivement les assistants et prévient évidemment en faveur de l'accusé.

Tessier est remplacé par le mulâtre Pierre, qui arrive et tremblant devant le tribunal. D'après lui, Pierre n'a rien fait. Il est monté sur le pont après la mort du second et est resté tout le temps de la lutte contre la porte de la chambre, auprès du maître d'équipage.

Au président qui lui reproche sa lâcheté, Pierre répond :

— Que vouliez-vous que j'aille faire, sans armes, au milieu de tous ces gens-là qui étaient saouls et qui donnaient des coups de couteau ?

Et, en parlant ainsi, le mulâtre essuie la sueur qui inonde son visage crispé, blêmi par l'émotion.

Il donne des démentis formels et énergiques à ceux qui l'accusent, à Thépaut, à Oillic, qui ne peuvent le regarder sans rire, et comme, au moment où le président lui demande s'il connaît quelque motif de haine et de vengeance envers lui chez ses coaccusés, il répond :

— Oh ! non, je n'en connais pas... Mais ils veulent me noircir...

Le tribunal a peine lui-même à tenir son sérieux à cette réponse du nègre.....

Le verdict du tribunal devait être sévère, il le fut en effet.

Carbuccia, Thépaut, Oillic et Lénard furent condamnés à mort. Chicot, Tessier et Pierre furent acquittés.

Quand le commissaire impérial arriva avec le greffier et la garde, et que, devant le commissaire des prisons il lut aux trois derniers l'arrêt qui leur rendait la liberté, Tessier leva la tête et son œil brilla. Quant au pauvre mulâtre, il pensa devenir fou. Il se mit brusquement à danser et à chanter, prenant sa

tête à deux mains. Ce fut un spectacle grotesque et triste tout
à la fois. Une foule immense attendait les libérés à leur sortie
de Pontaniou.

Lénard, Oillic, Thépaut et Carbuccia furent rangés à leur
tour devant la garde, et ils entendirent alors la sentence qui
les frappait. Thépaut, la tête haute, la poitrine bombée, l'écouta
fièrement sans broncher, sans qu'un muscle de son visage
tressaillît. Lénard, lui, laissa tomber ses bras; son visage était
blême. Il avait conservé un peu d'espoir. Carbuccia parut de
même accablé.

— Ce n'est pas juste que Lénard soit condamné, dit-il; il
n'a rien fait..... Il aurait dû être gracié, comme Tessier.

Quant à Oillic, ses cheveux lui tombaient sur le front. Il a
refusé seul de se pouvoir en révision.

— Pourquoi faire? dit-il. C'est fini, voilà tout. Avec cela
qu'il y a quelque chose à espérer! Maintenant, le plus tôt sera
le mieux.

Ces malheureux auront la tête tranchée, selon la terrible parole du capitaine Richebourg :

— Vous aurez tous le cou coupé !...

PERTE DES VAISSEAUX LE HENRI IV ET LE PLUTON,

DANS LA BAIE D'EUPATORIA, PENDANT LA GUERRE DE CRIMÉE,

En novembre 1854.

Nous laissons parler ici les acteurs du drame qui va se passer
sous les yeux du lecteur. Nul ne peut mieux raconter un fait
que celui qui en est le héros et surtout la victime.

« Kamiesh, le 21 novembre 1854.

» Monsieur le ministre,

» J'ai eu l'honneur de vous adresser les copies des rapports de MM. les commandants du *Henri IV* et du *Pluton*, sur les circonstances qui ont occasionné la perte de leurs bâtiments.

» En lisant ces douloureux détails, Votre Excellence remarquera que ce n'est qu'à la fatalité et à la fureur des éléments déchaînés que peuvent être attribués ces désastres. Ce n'est qu'après avoir cassé ses quatre chaînes que le *Henri IV* est allé à la côte, et le *Pluton* ne doit sa perte qu'à un abordage d'un transport anglais démâté, qui, un instant, a menacé de l'engloutir, et qui a fini par casser ses chaînes. Chacun, dans ces circonstances, a fait son devoir et s'est même distingué par un dévoûment digne d'éloges.

» On s'occupe du sauvetage.

» Je suis, avec un profond respect, Monsieur le ministre,
        » De Votre Excellence,

            » Le très obéissant serviteur,

                » Le vice-amiral, commandant en chef l'escadre
                de la Méditerranée,

                        » HAMELIN. »

RAPPORT ADRESSÉ A M. LE VICE-AMIRAL COMMANDANT EN CHEF L'ESCADRE DE LA MÉDITERRANÉE PAR LE COMMANDANT DU HENRI IV.

« Baie d'Eupatoria, le 15 novembre 1854.

» Amiral,

» J'ai la douleur de vous annoncer que mon vaisseau est à la côte depuis hier au soir, à vingt milles au sud d'Eupatoria, et que je n'ai aucun espoir de l'en retirer, dans la saison où nous sommes.

» Ce triste événement est dû à la rupture successive de mes quatre chaînes, pendant la tempête que nous venons d'essuyer, et qui, bien que moins violente, dure encore au moment où j'écris.

» Toutes les précautions que conseillait la prudence avaient été prises. La bouée de l'ancre de bâbord, qui était celle qui travaillait avec les vents du large, était de cent vingt brasses, sur un fond de huit brasses, et je m'étais affourché nord et sud dès mon arrivée. De plus, chaque fois qu'il ventait un peu frais, je laissais tomber l'ancre de veille de tribord, qui était ma meilleure. Je n'avais pas manqué de le faire, hier, lorsque je vis la mauvaise apparence du temps. Je fis ensuite caler les mâts de hune, amener les basses vergues sur le porte-lof et mouiller ma seconde ancre de veille, ce qui m'en faisait quatre dehors, c'est-à-dire tout ce que je possédais, puisque j'en avais perdu une à Baltchick, par suite de rupture de chaîne en dérapant, et qu'une autre avait été cassée par un boulet dans le combat du 17 octobre.

» Je devais, amiral, me croire en sécurité avec quatre fortes ancres dehors, lorsque, dans une très forte rafale avec saute de vent, la chaîne de tribord cassa net au portage de la bitte. A onze heures, celle de bâbord, qui avait souvent filé, chaînon par chaînon, malgré les stoppeurs et les coins, et qui était arrivée à au moins cent cinquante brasses, en fit autant. Nous vîmes alors à l'appel de l'ancre de veille de tribord dont le levier de stoppeur se brisa ; mais la chaîne ayant fait une coque à l'écubier du puits, elle tint bon au septième maillon — cent vingt-six brasses, — jusqu'à cinq heures dix minutes du soir, où elle cassa dans un violent coup de tangage.

» Celle de bâbord, travaillant alors seule, ne résista pas une minute, et ce fut avec terreur que j'entendis la double secousse qui m'apprenait que tout espoir de résister à la tempête était perdu, et qu'il fallait se résigner à aller à la côte, comme l'avaient déjà fait, sous mes yeux, dans cette journée fatale, douze ou quinze autres bâtiments, au nombre desquels se trouvent la corvette le *Pluton*, arrivée depuis quatre jours seulement, et un vaisseau turc portant pavillon de contre-amiral, qui ont, sans doute, aussi cassé toutes leurs chaînes.

» Certain de n'être plus tenu par rien, je fis hisser le petit foc pour faciliter l'abattage du vaisseau sur tribord, et éviter les navires mouillés à terre de moi ; puis, après les avoir parés, je fis border l'artimon afin d'aller m'échouer le moins loin possible de la ville et de pouvoir communiquer avec elle par la langue de sable qui nous sépare du lac Salé, sans être inquiété par les Cosaques, qui ne manqueraient pas de venir rôder autour de nous.

» La nuit était très obscure quand nous commençâmes à toucher. Je fis en sorte d'échouer l'avant à terre perpendiculairement à la côte ; mais d'énormes brisants, prenant le vaisseau par la hanche de bâbord, le portèrent petit à petit pendant toute la nuit, et même aujourd'hui dans la matinée, dans une direction presque parallèle au rivage, et le sable mouvant remplissant à l'arrière la souille à mesure que la carène se déplaçait dans son agitation continue, il en est résulté, chose incroyable, que nous sommes déjaugés de quatre mètres à l'avant, et que notre distance du rivage n'est que de soixante mètres au plus.

» La situation du *Henri IV*, au moment où j'ai l'honneur de vous écrire, amiral, est celle-ci : Incliné un peu sur tribord, presque parallèlement à la côte ; le cap au nord-nord-est, la sonde indiquant trois mètres trente-trois centimètres à l'arrière, deux mètres trente centimètres à l'avant, quatre mètres par le travers à bâbord, et trois mètres vingt centimètres par le travers à tribord. Il a fait sa souille, et il n'éprouve plus les secousses qui l'ont tourmenté pendant dix-huit heures. Le vaisseau n'est pas défoncé, puisque les pompes ordinaires suffisent pour étancher l'eau de la cale et qu'elles ne fonctionnent pas toujours.

» Le gouvernail est démonté, et je crois ses ferrures brisées, de même que celles de l'étambot.

» Le vaisseau n'a plus d'autres ancres que celles à jet.
Deux des bouts de chaînes restés à bord sont engagés sous la
quille. La chaloupe est à la côte ; je la suppose réparable. Le
grand canot, le canot major et ma baleinière sont entièrement
hors de service. Les deux canots moyens ont été aussi jetés
à la côte à Eupatoria, où ils étaient occupés le 14 au matin pour
l'embarquement des bœufs ; mais ils peuvent être et ils seront
réparés. Quant aux chalands, ils sont coulés et probablement
en pièces. La mâture est intacte. J'ai fait déverguer les voiles,
envoyer en bas les vergues et manœuvres courantes. Je ferai
dépasser les mâts de hune dès que je le pourrai.

» J'ai pu, au moyen du youyou, établir un va-et-vient
avec la terre ; mais la mer est encore trop grosse pour entreprendre le sauvetage des cent dix malades que je porte à bord.
Je me suis contenté de faire passer au commandant supérieur
d'Eupatoria des munitions pour obusier de montagne en rem-
placement de celles qu'il avait consommées, avec succès, la
veille, sur la cavalerie russe.

» Nos batteries sont restées chargées, et j'ai eu l'occasion,
ce matin, de faire usage de nos caronades pour faire rebrous-
ser chemin à une cinquantaine de Cosaques, qui s'avançaient
au grand galop pour s'emparer des hommes de mon youyou
restés à terre et qui ne pouvaient réussir à remettre à flot cette
petite embarcation.

» Voilà, amiral, la situation actuelle du *Henri IV*, de ce beau
vaisseau dont j'étais si fier... Elle est bien triste, et je ne vous
parlerai pas de la douleur que j'en éprouve. Vous êtes fait pour
la comprendre et pour me plaindre.

» J'espère que ma santé se soutiendra assez pour me permettre d'achever jusqu'au bout les devoirs que j'ai à remplir
envers l'Etat et envers mon équipage ; quant à mon courage,
il ne faillira pas.

» Je n'ai pas encore pu communiquer directement avec
le commandant du *Pluton* ; mais il est venu sur la plage vis-
à-vis de mon vaisseau et m'a fait dire par un de ses matelots que son bâtiment étant défoncé et son entrepont envahi

par la mer, il l'avait évacué, ce matin, sans perdre un seul homme. M. Fisquet est à Eupatoria avec tout son équipage, qui a pu aussi sauver ses effets. Le rapport de cet officier supérieur vous fera connaître en détail les circonstances de son malheur, qui ne fait qu'ajouter au mien.

» J'ai signalé au *Lavoisier*, qui, lui aussi, a cassé une de ses chaînes, et n'a tenu sur l'autre qu'au moyen de sa machine, de faire route pour vous informer de notre fâcheuse situation, dès que le temps le lui permettrait.

» Je n'évacuerai pas mon vaisseau tant qu'il en restera un morceau pour me porter et y faire flotter les couleurs nationales. J'attends les secours qu'il vous sera possible de m'envoyer, amiral, afin de sauver, en fait de vivres et de matériel d'armement, tout ce que je pourrai. Ne pouvant déposer ces objets sur une terre ennemie, il me faut des bâtiments pour les recevoir et les porter aux autres vaisseaux de l'escadre.

» Mon équipage, affaibli considérablement par les détachements que j'ai fournis, tant pour le siège de Sébastopol que pour la garnison d'Eupatoria, se trouve réduit à un petit nombre de matelots valides, d'où il résulte que les moindres travaux sont pour nous très difficiles, et que ceux qui demandent beaucoup de force sont impossibles. Du reste, amiral, je suis heureux de le dire, mon équipage est admirable de zèle et de discipline ; chaque homme tâche de doubler sa force et vole à mon moindre mouvement. Quant à mes officiers, ils me secondent en tout, avec cette parfaite entente de service, ce courage et ce dévoûment de cœur dont je vous ai souvent entretenu dans d'autres circonstances, et qui ne pouvaient faillir en celles-ci. Tout le monde a fait et fera son devoir jusqu'à la fin, avec la plus entière abnégation, vous pouvez y compter, amiral ; et si la marine perd un de ses beaux vaisseaux, on ne peut s'en prendre qu'à la tempête qui a été plus forte que nous, et nous a jetés à la côte, malgré tous les moyens employés pour lui résister.

» Dans ma dernière lettre qui n'a que quelques jours de date, il me semble que je pressentais le malheur qui allait me

frapper, lorsque je vous disais que « je me considérais comme
en perdition sur la rade d'Eupatoria, lorsque viendrait un
coup de vent de sud-ouest. » Ma crainte n'a pas tardé à se réa-
liser.

» J'aurai l'honneur de vous faire connaître plus tard les
noms des personnes qui se sont plus particulièrement distin-
guées dans notre naufrage, et d'appeler sur elles la bienveillance du gouvernement. Je me borne, pour le moment, à citer
M. André, enseigne de vaisseau, et le quartier-maître de manœuvre Joseph Gournay, qui ont fait le premier voyage à terre
avec une faible embarcation que les brisants couvraient à
chaque instant, pour aller établir le va-et-vient qui devait
servir au salut de tous, si le vaisseau s'était ouvert.

» Je suis, etc.

> Le commandant du Henri IV,

» JEHENNE. »

RAPPORT ADRESSÉ A M. LE VICE-AMIRAL COMMANDANT EN CHEF
L'ESCADRE DE LA MÉDITERRANÉE, PAR LE COMMANDANT DU
PLUTON.

« Baie d'Eupatoria, le 16 novembre 1854.

» Amiral,

» J'ai à remplir le pénible devoir de vous rendre compte
de la perte de la corvette à vapeur le *Pluton*, dont le commandement m'était confié.

» Le *Pluton* avait mouillé, le 10 octobre dernier, devant Eupatoria, par cinq brasses, relevant le moulin le plus à l'est,
au nord 16° est, et la mosquée au nord 60° ouest.

» La ville était tenue en alerte continuelle par des milliers
de Cosaques et menacée d'une attaque sérieuse. J'avais dû prendre ce mouillage le plus près de terre possible, quoique ce-

pendant encore à sept cents mètres du rivage, pour être à portée, avec l'artillerie du *Pluton*, de défendre les approches de
l'est d'Eupatoria.

» Le bâtiment était affourché sud-est et nord-ouest. Il avait
essuyé, dans cette position, un fort coup de vent du sud à
l'ouest, dans la nuit du 10 au 11, et un second coup de vent
dans la matinée du 13. Les ancres n'avaient pas cédé, et cette
épreuve pouvait me rassurer sur la sécurité du navire. Ses
mâts de hune étaient calés et les vergues sur les porte-lof.

» Le 14 au matin, la brise était du nord-est; pas de mer.
Tout présageait le beau temps. Un de nos canots est allé aux
provisions, et, à sept heures et demie, sur le signal du *Henri IV*,
j'ai envoyé nos deux autres canots et nos canots-tambours à
terre pour l'embarquement des bœufs à bord du *Lavoisier;*
c'était quarante matelots hors du bord.

» Vers huit heures, un grain s'est élevé de l'est, avec mauvaise apparence. Le baromètre est descendu subitement à 0,740
millimètres; le grain a donné avec pluie et grêle, par violentes rafales, qui ont varié au sud-est puis au sud.

» Nous avons filé six maillons de chaîne bâbord et quatre
de celle de tribord, cette dernière ne faisait rien. Les feux
ont été poussés prêts à mettre en marche.

» J'ai fait étalinguer un grelin sur l'ancre de la cale, mais
cette ancre n'ayant pas passage entre l'ellipse et les tambours,
il a fallu se disposer à la jeter par-dessus le bord à l'arrière
des tambours. Pendant l'opération, j'ai vu un trois-mâts anglais
en dérive, qui allait tomber sur nous.

» J'ai envoyé aussitôt tout le monde aux deux stoppeurs,
prêt à filer l'une ou l'autre chaîne. Nous avons filé bâbord.
La chaîne de tribord a rappelé et le trois-mâts nous a parés;
il est allé à la côte. Plusieurs bâtiments y étaient déjà : d'autres coupaient leurs mâts pour tenir.

» La mer, tourmentée, grossissait toujours. Le vent avait
tourné au sud-ouest et à l'ouest, et, malgré sa violence, nous
restions évités au courant du sud, présentant le travers à la

lame et à la mer. J'ai renoncé à faire jeter l'ancre de la cale, elle eût risqué, en tombant sous le bâtiment, de le crever.

» Nous marchions en avant, doucement, avec la machine de manière à soulager les chaînes, sans cependant les empêcher de travailler.

» J'avais pris des alignements à terre. Ils n'avaient pas varié depuis trois jours. J'étais assuré que nos ancres tenaient bien.

» Vers midi, un transport anglais démâté a cassé ses chaînes. Nous le relevions dans le sud-sud-ouest, à une encâblure, et malgré la force du vent d'ouest, le courant le portait sur notre bossoir de tribord. Nous allions être écrasés et couler sur place.

» J'ai fait établir la grande voile-goëlette pour éviter un vent est, fait faire machine en avant à toute vapeur. Notre avant a paré, mais cet énorme trois-mâts nous a élongés par bâbord, et à mesure que nous le dépassions, chaque lame alternativement nous lançait au-dessus de lui et nous laissait retomber sur son cuivre. Dans ces chocs, nos vergues ont été cassées, nos porte-manteaux et leviers en fer de mise à l'eau des canots-tambours tordus, le tambour de bâbord et l'arrière craqués. La machine a cependant pu continuer sa marche ; mais, sitôt dégagé, j'ai été obligé de stopper pour faire parer des manœuvres et des bouts de chaînes de balancines cassées qui se pressèrent dans les aubes.

» Un officier, M. Boulet, a reçu un morceau de bois sur la tête ; il a fallu le transporter sans connaissance.

» Sitôt les aubes dégagées, nous avons remis en marche, et tout danger semblait évité. Malheureusement la lourde chaîne de ce bâtiment raguait sur les nôtres. Celle de tribord a cassé, et celle de bâbord a été déchaussée. Malgré notre grande voile, malgré la machine, nous n'avons pu revenir au vent. Les alignements ont commencé à varier ; nous allions en travers de la côte.

» A midi et demi, nous avons commencé à tâtonner ; peu après, le gouvernail a été démonté. Les ébranlements du navire sont devenus terribles. Chaque lame nous couchait tantôt sur tribord, tantôt sur bâbord. J'ai essayé de tenter l'abattage sur bâbord en béquillant avec la vergue du grand hunier. Cette vergue dans ce sable mouvant n'a produit aucun effet. Le bâtiment s'est couché du large pour ne plus se relever.

» Dans ce moment une vive canonnade s'est fait entendre. La ville était attaquée par six mille Russes et seize pièces de canon. Des escadrons de Cosaques s'avançaient à l'est, du côté que nous devions appuyer avec notre artillerie. Le *Pluton* pouvait rendre encore un dernier service. Nous avons fait branlebas de combat, chargé les petites armes et dirigé deux pièces du côté de l'ennemi. Nous étions prêts à commencer le feu dès que les Cosaques arriveraient à portée. Ils ont trouvé les dispositions de la ville trop bien prises et se sont retirés.

» Cependant l'eau gagnait rapidement. La soute aux poudres était pleine. J'ai fait monter tout ce qu'on a pu en tirer de munitions et fait mettre en réserve quelques sacs de biscuit et de l'eau.

» A la nuit, les lames balayaient le gaillard d'arrière. J'ai été obligé de faire évacuer complètement cette partie du navire et j'ai fait monter les effets de l'équipage dans les jardins du tambour de bâbord.

» La nuit a été longue et froide. Le vent n'a pas molli. La mer nous couvrait de plus en plus. A une heure, l'eau a gagné le faux-pont avant. J'ai fait placer les malades et les mousses sur l'avant du tambour de bâbord, et le reste de l'équipage s'est groupé bâbord devant.

» Le jour s'est fait sur ce désastre. Seize bâtiments avaient fait naufrage, et nous avons éprouvé le chagrin de reconnaître le vaisseau le *Henri IV* échoué.

» Les habitants du pays ne se rappellent pas avoir vu un pareil coup de vent. La moitié des moulins ont été renversés, et des maisons, situées au bord de la mer, ont eu des pans de murailles abattus.

» Le *Pluton* était complètement perdu, ensablé à quatre-vingts mètres de la plage, les bordages du pont disjoints, l'arrière se séparant de l'avant. Chaque lame en déferlant montait

sur le pont jusqu'au bord opposé. Enfin, l'entrepont était plein
d'eau.

» Il y avait urgence, pour la sécurité de la vie des hommes,
d'évacuer le bâtiment; je m'y suis décidé.

» J'ai fait mettre à la mer le youyou; deux hommes s'y
sont embarqués et ont nagé vers la côte, pendant que nous
filions une ligne de loch dont ils avaient le bout. Une lame les
a roulés à terre; ils ont hâlé la ligne, nous avons filé un faux
bras, et le va-et-vient étant établi, nous avons ramené à bord
le youyou.

» Le débarquement s'est opéré quatre par quatre, en com-
mençant par les malades, les mousses et les hommes qui ne
savent pas nager. L'embarcation remplissait souvent à la dernière lame. Les hommes qu'elle transportait étaient enlevés
aussitôt par les premiers débarqués et par M. Granderie, enseigne de vaisseau, que j'avais envoyé pour veiller au débarquement.

» Quand tous ceux pour lesquels le passage présentait des
dangers ont été en sûreté à terre, M. André, commis d'administration, a descendu la comptabilité, et M. Pignoni, chirurgien, quelques médicaments.

» J'ai fait envoyer à terre les effets de l'équipage, les fusils,
l'obusier de douze et quelques munitions.

» Le reste de l'équipage, les maîtres, M. Boulet, lieutenant
de vaisseau, sont descendus successivement, et à une heure,
après avoir fait une ronde dans le bâtiment, le maître d'équipage Gaubert et M. Bocher, mon second, se sont embarqués;
moi-même, dernier, j'ai quitté le *Pluton*, le cœur navré, mais
avec la consolation, s'il en est une possible pour l'officier qui
voit perdre le bâtiment qu'il commandait, de voir tout l'équipage sauvé et de pouvoir dire, avec une conscience nette, que
tous ont bien fait leur devoir.

» Au milieu de ce coup de vent, un bâtiment malheureux
avait entraîné le *Pluton* dans sa perte.

» M. d'Osmond, commandant de place, avec une sollicitude
pour laquelle je ne saurais trop témoigner de reconnaissance,

avait envoyé des chariots pour le transport des bagages, et avait fait préparer des logements dans lesquels les hommes ont pu, en arrivant, se sécher et se remettre d'une aussi rude épreuve.

« Dans ce désastre, amiral, les officiers et l'équipage du *Pluton* ont été admirables de sang-froid et de dévoûment. Veuillez me permettre de les signaler à votre estime et à votre bienveillance.

« Je suis, etc.

> « Le commandant du *Pluton*,

> « FISQUET. »

« Pour copie conforme :

> » Le contre-amiral, chef d'état-major de l'escadre de la Méditerranée,

> » BOUËT-WILLAUMEZ. »

DÉCOUVERTE DE LA PERTE DE L'ÉRÈBE ET DE LA TERROR,

COMMANDÉS PAR SIR JOHN FRANKLIN,

Sur la Terre du roi Guillaume, de 1845 à 1847.

Depuis longues années, les Anglais avaient fait mille tentatives pour trouver un chemin vers les Indes à travers l'effrayant dédale d'îles, de terres, de canaux, de détroits, qui, au nord du pays des Esquimaux et dans l'océan Glacial arctique, sous le nom de mer de Baffin, détroit de Davis, détroit d'Hudson, détroit de Barrow, détroit de Lancaster, détroit de Franklin, détroit de Mac-Clintock, détroit de Melville, détroit de Mac-Clure, canal de Fox, canal du Prince Régent, golfe de Boothia, conduisant entre le Groënland et les îles de Cumberland,

Cockbrun, aux îles Parry, à la Terre Victoria, à la Terre du roi
Guillaume, et à une infinité de rivages, sans aucun habitant,
parmi des bancs énormes de glaces, au pôle nord, sans avoir
laissé trouver encore de véritable débouché sur la grande mer
de l'océan Pacifique.

Dans ces derniers temps, un des plus intrépides chercheurs
de cette voie tant désirée fut le commandant John Franklin.
Excellent navigateur, il s'obstinait à trouver ce que la nature
avait si précautionneusement caché et défendu d'une manière
formidable.

Enfin, en 1845, il prépara une nouvelle expédition dans ce
but. Elle se composa des deux navires l'*Erèbe* et la *Terror*.
Le 25 mai, elle s'éloigna des côtes de l'Angleterre, suivie de
tous les vœux des nombreuses familles qui comptaient des
membres sur ces deux vaisseaux destinés à courir les plus
grands dangers. Mais, dans ces familles, personne ne fit plus
de vœux ardents pour le succès de l'expédition et personne ne
pria davantage pour les intrépides marins qui la composaient
que la femme du commandant, lady Franklin.

Hélas! malgré vœux et prières, il arriva pour sir John Franklin et ses deux vaisseaux l'*Erèbe* et la *Terror*, en 1847, ce qui
était arrivé à notre la Pérouse et à ses deux frégates la *Boussole*
et l'*Astrolabe*, en 1789. A un moment donné on n'entendit plus
parler d'eux et jamais plus on n'en eut de nouvelles.

Le gouvernement anglais, ou plutôt l'amirauté britannique
s'émut. Elle expédia navires sur navires à la recherche de sir
John Franklin et de ses équipages: elle dépensa plus de vingt
millions de francs, sans que le résultat de ces recherches
produisît le moindre succès.

On crut désormais impossible d'obtenir connaissance du sort
qui avait été le partage des marins de l'*Erèbe* et de la *Terror*.

Mais ce que les hommes se lassèrent de poursuivre, une
femme délicate, mais une femme pleine de tendresse pour son
mari, le reprit avec zèle et fut assez heureuse pour le mener
à bonne fin. Lady Franklin équipa des vaisseaux à ses frais,
fit choix des hommes éclairés et ardents auxquels elle voulait

confier la mission de rechercher les traces du voyage de son mari, et peut-être son mari lui-même, car son cœur n'était pas sans espoir.

En dernier lieu, MM. Mac-Clure, sur l'*Investigator*, et Mac-Clintock, sur le *Fox*, s'enfoncèrent dans les profonds parages de l'océan Glacial arctique.

Le premier revint, découragé, sans avoir rien trouvé.

Le second, Mac-Clintock, plus heureux, rentra en Angleterre, muni de toutes les preuves de l'hivernage et de la perte des vaisseaux l'*Erèbe* et la *Terror,* mais aussi de la mort fatale de sir John Franklin et de tous ses compagnons.

Après des dangers sans nombre au milieu de glaces effrayantes, dans le voisinage du pôle, et là où l'homme ne demeure jamais ; après des souffrances inouïes qui faillirent être fatales à plusieurs des marins anglais, Mac-Clintock dut hiverner dans le détroit de Bellot, nom d'un jeune officier de marine Français, qui s'était associé aux Anglais, dans les recherches précédentes du sort de sir John Franklin, et que ses compagnons prirent en telle estime, surtout après sa mort cruelle, résultat de son dévoûment à la cause, que l'on donna son nom à un détroit, et qu'on édifia un magnifique monument à sa mémoire en Angleterre.

« Cet hiver, dit Mac-Clintock, fut le plus froid et le plus rude que j'aie jamais éprouvé dans ces régions. »

Puis il ajoute plus loin :

« Nos premières recherches du printemps commencèrent le 17 février 1859. Le 28, nous eûmes le bonheur de rencontrer quelques Esquimaux, dont le nombre s'éleva bientôt à quarante-cinq individus. »

Les Anglais étaient alors près de la Terre Victoria.

« Pendant quatre jours, nous demeurâmes en relation avec ces bonnes gens. Nous en obtînmes plusieurs débris et la certitude que, plusieurs années auparavant, un navire avait été pris dans les glaces, au nord de l'île du roi Guillaume, mais que tout l'équipage, parvenu à descendre à terre sans danger, s'était dirigé vers la rivière du Grand-Poisson, où il avait péri, jusqu'au dernier homme.

» Ces Esquimaux étaient bien fournis de bois, tiré, dirent-ils, d'un bateau abandonné par les hommes blancs, sur la Grande Rivière.

» Le 2 avril, commencèrent nos recherches finales.

» Le lieutenant Hobson m'accompagna jusqu'au cap Victoria. Nous avions chacun, outre un traîneau tiré par quatre hommes, un traîneau auxiliaire tiré par six chiens.

» Avant de nous séparer, nous rencontrâmes deux familles d'Esquimaux, vivant sur la glace, dans des cabanes faites de neige. Elles nous informèrent qu'un second navire avait été vu près de l'île du roi Guillaume, et que, dans le courant de la même année, il avait été jeté et brisé sur la côte. Ce navire avait été pour eux une mine féconde de bois et de fer. »

Là, le lieutenant Hobson reçut l'ordre de son capitaine de faire des recherches sur le naufrage de l'*Erèbe* et de la *Terror*, en suivant toutes les traces qu'il trouverait au nord et à l'ouest de l'île du roi Guillaume.

Quant à Mac-Clintock, accompagné de sa petite troupe, il marcha le long des côtes de cette même île, visitant les cabanes de neige abandonnées, mais sans rencontrer d'indigènes jusqu'au 8 mai, où, près du cap Norton, il atteignit un village de neige contenant trente habitants. Ces Esquimaux vinrent à lui sans la moindre apparence de crainte ou d'agitation, quoique aucun d'eux n'eût encore vu aucun homme blanc en vie. Ils mirent beaucoup d'empressement à communiquer tout leur savoir et à échanger tous leurs produits : mais ils auraient tout dérobé aux Anglais si ces derniers n'y eussent pris garde. Les Esquimaux vendirent quantité de reliques des vaisseaux anglais, et ils en eussent livré bien davantage encore si les marins eussent eu des moyens de transport à leur disposition.

Les indigènes, en indiquant le nord-nord-est, affirmaient qu'à cinq jours de marche dans cette direction, dont un sur la mer glacée, on arrivait au lieu du naufrage. Mais aucun d'eux n'y était allé depuis 1858, parce que leurs compatriotes avaient enlevé tout ce qui restait de débris.

La plupart de ces informations furent données par une vieille femme. Elle apprit aux Anglais que le bâtiment avait été jeté à la côte, et que plusieurs hommes blancs avaient succombé sur la route de la Grande Rivière ; mais ce ne fut que pendant l'hiver suivant que leurs cadavres, découverts par les Esquimaux, instruisirent ceux-ci de la triste destinée des *Kablounas*.

N'ayant pas l'espérance de rencontrer de nouveaux indigènes dans cette direction, les Anglais repassèrent sur l'île du roi Guillaume, et continuèrent d'explorer les rives sud sans aucun succès, lorsque le 24 mai, non loin du cap Herschell, ils découvrirent un squelette blanchi autour duquel se trouvaient quelques fragments de vêtements européens.

Après avoir écarté la neige avec soin, on découvrit ensuite un petit portefeuille contenant quelques lettres, qui, quoique bien gâtées, purent encore se déchiffrer. Aux vêtements on put reconnaître un garçon d'hôtel ou domestique d'officier. Sa position confirmait le dire des Esquimaux, que les *Kablounas* avaient succombé, l'un après l'autre, sur le chemin qu'il avait pris.

Voilà quelles furent les découvertes de Mac-Clintock.

Mais voici ce que, de son côté, trouva le lieutenant Hobson :

A une petite distance du cap Victoria, il fut mis face à face avec des traces non douteuses de l'expédition de sir John Franklin, à savoir un très large *cairn* de pierres, et, tout près, une petite tente avec des couvertures, des habits et d'autres objets de voyage. Le cairn — amoncellement de pierres cimentées — ayant été ouvert, on y trouva un morceau de papier blanc, ainsi que deux bouteilles cassées qui gisaient au milieu des pierres, mais rien de plus, bien que l'on ait fouillé le cairn et la terre qui le portait à plus de dix pieds de distance tout autour.

A environ deux milles plus loin étaient deux autres petits

cairns qui ne contenaient ni traces ni reliques, à l'exception d'une pioche cassée et d'une boîte à thé encore pleine.

Jadis, en 1839, sir John Ross, explorant ces mêmes parages, pour trouver un passage dans le labyrinthe de ces mers glacées, avait élevé un cairn à l'extrême pointe Victory.

Dix-neuf ans plus tard, sir James Ross, neveu du précédent, alors envoyé à la recherche de sir John Franklin, s'était efforcé d'arriver à cette même pointe Victory.

Enfin, dix ans plus tard encore, c'est-à-dire le 6 mai 1859, le lieutenant Hobson y arrivait heureusement, en quête de ce même sir John Franklin, selon le récit que nous en faisons.

Il s'empressa de faire fouiller ce monument, et parmi les pierres du sommet il trouva une boîte de fer blanc contenant un court rapport.

Ce document, écrit sur parchemin, apprenait que le 28 mai 1845, tout allait bien à bord de la *Terror* et de l'*Erèbe*; que dans le courant de la même année 1845, qui avait vu leur départ d'Angleterre, ces deux navires avaient remonté le chenal de Wellington jusqu'à la latitude de 77°, et qu'ils étaient revenus par l'ouest de l'île Cornwallis prendre leur quartier d'hiver à l'île Beechey. Le 12 septembre de l'année suivante — 1846, — ils étaient bloqués dans les glaces par 69° 05′ de latitude et 98° 23′ de longitude ouest — de Grenwich, — à environ quinze milles du rivage nord-ouest de l'île du roi Guillaume. Ce fut là le théâtre de leur profond hivernage.

Autour des marges du premier de ces parchemins, on remarquait plusieurs observations additionnelles, ajoutées onze mois plus tard, — avril 1848.

Les navires n'ayant fait en vingt mois qu'une quinzaine de milles vers le sud, avaient été abandonnés trois jours auparavant. Sir John Franklin était mort depuis le 11 juin 1847, et neuf officiers et quinze hommes l'avaient déjà précédé ou suivi.

Les survivants de l'expédition, au nombre de cent cinq, avaient abordé sur ce point, sous le commandement du capitaine Crozier, et reconstruit sur l'emplacement du cairn de James Ross, détruit probablement par les Esquimaux, le cairn trouvé par Hobson. Leur intention était de partir le lendemain au matin pour la Grande Rivière de Back, et ce rapport, trouvé dans le cairn, était signé par Crozier, comme capitaine de la *Terror* et principal officier de l'expédition, et par Fitz-James, capitaine de l'*Érèbe*.

Il semble que les trois jours de marche écoulés entre l'abandon des navires et la date de cet écrit, avaient déjà épuisé les forces de ces malheureux, et il paraît qu'en se mettant en marche vers le sud, ils abandonnèrent en cet endroit une grande quantité d'habits, d'effets et de provisions de toutes sortes, comme s'ils avaient eu l'intention de se débarrasser de tous les objets qui pouvaient ne leur être d'aucune utilité. Après dix années écoulées, des pioches, des pelles, des ustensiles de cuisine, des cordages, du bois, de la toile et même un sextant portant le nom gravé de *Frédéric Hornby. R. N.* étaient encore épars sur le sol ou incrustés dans la glace.

Lorsque le capitaine Mac-Clintock, mandé par le lieutenant Hobson, l'eut rejoint, les deux officiers anglais se dirigèrent vers un grand bateau que le lieutenant Hobson, dans ses recherches, avait découvert quelques jours auparavant. Il paraît que ce bateau, destiné d'abord par les compagnons de Franklin à remonter la rivière du Grand-Poisson, avait été abandonné ensuite. Il mesurait vingt-huit pieds de long sur sept et demi de large. Sa construction était très légère, mais le traîneau sur lequel il était placé était fait de chêne brut solide et pesait autant que le bateau lui-même. Une grande quantité d'effets fut trouvée en cet endroit. Un squelette même était à l'arrière du bateau, desséché et tapi sous un monceau de vêtements. Un autre squelette, plus endommagé, probablement par les animaux, gisait non loin de l'embarcation. Cinq montres de poche, des cuillers, des fourchettes en argent, des livres de religion, y furent aussi recueillis. Mais on n'y trouva ni journaux de bord, ni portefeuilles, etc. Deux fusils à deux coups, chargés et amorcés, étaient appuyés sur les côtés du bateau, probablement à la place même où les deux marins l'avaient déposés onze ans auparavant. Il y avait

enfin tout autour des munitions en abondance, trente ou
quarante livres de chocolat, du thé, du tabac, etc. On fouilla
vainement les habits et les carnets.

Il n'arriva rien ensuite de remarquable aux navigateurs du
Fox, dans lequel ils remontèrent le 19 juin 1859. Ils s'étaient
bien assurés que les côtes de la Terre du roi Guillaume
n'avaient pas été visitées par les Esquimaux depuis l'abandon
de l'*Erèbe* et de la *Terror*, puisque les cabanes et les articles
délaissés par leurs marins n'avaient pas même été touchés.

Désormais, il n'y avait plus de doute possible sur le sort
de sir John Franklin et de ses infortunés compagnons.

PERTE DU NAVIRE FRANÇAIS LE SUPERBE,

SUR LES ROCHERS DE L'ILE DE PAROS, DANS L'ARCHIPEL GREC,

En décembre 1833.

Voici l'un des plus grands désastres qui aient jamais jeté le
plus de deuil dans la marine française. Nous en devons la relation à M. Jol, qui en a recueilli tous les détails et qui nous
les a transmis.

Décembre 1833 était arrivé. C'était le moment de l'hivernage
pour l'escadre française en observation dans le Levant. Presque tous nos bâtiments devaient regagner Toulon, et il ne restait bientôt plus dans la mer de Grèce que le trois-mâts la
Ville de Marseille et un certain nombre de bâtiments légers.

Rendez-vous avait été donné par l'amiral Hugon à la partie
de la division qu'il ramenait en France; elle avait ordre de
se trouver à Nauplie.

Le 14 décembre, au point du jour, les vaisseaux le *Superbe*
et la frégate la *Galathée* appareillèrent de la rade de Smyrne
pour sortir du golfe. Déjà le mauvais temps s'annonçait; le
vent s'élevait, le ciel se couvrait de nuages, la mer commen-

çait à blanchir, et tout faisait présager un coup de vent. Toutefois ce n'était encore qu'une forte brise de l'est. Or, la traversée de Smyrne à Nauplie pouvait être très courte, à la faveur de cette circonstance. En effet, le *Superbe* et la *Galathée* dégolfèrent et furent bientôt portés au large par ce vent d'est ; mais il ne tarda pas à prendre un caractère inquiétant.

Le jour baissait, et, avec les approches de la nuit, la brise, qui s'était carabinée, augmentait progressivement en violence. En effet, c'était à une tempête, et à une tempête horrible, que les deux bâtiments allaient avoir affaire.

La *Galathée* et le *Superbe* sont bientôt contraints de se séparer. Chacun des deux capitaines manœuvre de son côté, selon que les exigences de sa position le lui prescrivent.

La nuit est terrible. De petites avaries en signalent le commencement ; des avaries plus grandes succèdent à celles-là. La mer soulevée, ballotte la frégate et le vaisseau, qui ne peuvent même plus s'entrevoir depuis quelques heures, parce qu'ils ont fait route différente et qu'un épais brouillard voile l'horizon et pèse sur la mer. De l'arrière du navire on aperçoit à peine la partie de l'avant. Tout craque dans la mâture ; le vent brise le grand mât de hune du *Superbe* et celui de la *Galathée*. Les voiles éclatent, fouettent avec un bruit épouvantable, se déchirent en lambeaux et à la fin sont emportées par l'ouragan. On a ordonné de les serrer, mais les hommes sont effrayés de tout ce qui les entoure et la résolution leur manque. Ils cherchent à se rendre maîtres de cette toile qui se brise sous les efforts du vent, mais ils renoncent bientôt à des tentatives qu'ils sont désormais incapables de faire réussir. Tous leurs soins tendent à se maintenir comme ils peuvent sur les vergues, dont le balancement menace les jours de ceux qui pourraient y travailler peut-être, s'ils avaient plus d'habitude et le cœur de vieux matelots. Au surplus, si les équipages parvenaient à serrer les voiles, ils ne les sauveraient pas de la rage du vent, car celles qui adhèrent aux vergues par les rabans qui les y appliquent sont enlevées. Les dents et les ongles furieux du démon des tempêtes viennent les en arracher.

8

Si telle est la position des équipages, jugez quelle doit être celle des capitaines !

Cependant, par miracle, la *Galathée* a donné dans le passage entre les îles et le cap d'Oro. Il est midi, le 15 décembre. Le temps ne s'est pas amendé; la brume est toujours épaisse; les côtes qu'on doit raser de près sont imperceptibles à la vue, tant le brouillard est affreusement condensé. La mer prend de la frégate tout ce qu'elle en peut prendre ; elle bat ses murailles avec fureur ; heureusement elles résistent. Mais elle enlève et broie les canots supendus autour du bâtiment. Enfin le pilote aperçoit Cerigo et il y cherche un refuge pour la *Galathée*. Elle y roule, elle y tangue, elle y est agitée; mais du moins elle se tient sur ses ancres, elle y est en sûreté. Peut-être y souffrira-t-elle ; mais elle n'y périra pas.

Mais le *Superbe*, où est-il à cette heure ?

Le voilà dégarni de ses voiles, privé de son grand mât de hune, poussé par des vagues déchaînées. Il fuit aussi, lui, un vaisseau de premier rang. Il semble qu'un navire tel que le *Superbe*, grand édifice, vaste corps flottant, colosse naval, doit pouvoir résister à toutes les fureurs de la mer et des vents. Non, les vents et la mer sont plus forts que lui ! ils lui commandent et le contraignent de céder. Cependant il a franchi le passage : où ira-t-il ? C'est vers Paros, l'une des Cyclades, célèbre par ses beaux marbres dont on a tiré jadis tant de chefs-d'œuvre de la statuaire, qu'il va chercher un refuge. Au nord de Paros, il est une rade protectrice. C'est vers cette rade qu'il marche; c'est cette rade qu'il cherche. Mais l'obscurité est si grande, qu'on ne voit pas le port de Nausse, où le vaisseau devait trouver cet ancrage bon et sûr, ce refuge si désiré.

Heureusement, non loin de Nausse que l'on a manqué, il est une relâche, celle de Parekia, que l'on peut chercher encore. On la trouve et le *Superbe* y entre en hâte...

Il y entre, mais... tout-à-coup il s'arrête !... Qui le fixe donc ainsi ? que se passe-t-il ? quel trouble, quel tumulte éclate subitement sur le pont ? Hélas ! disons-le de suite : le *Superbe* vient de toucher; il talonne; il est échoué. La mâture, secouée par les chocs multipliés du vaisseau sur les rochers, se brise, un bas mât tombe, et, dans sa chute, il écrase un homme.

Bientôt le noble navire est défoncé, une ouverture, faite à sa carène, donne accès à l'eau, qui remplit promptement la cale, le faux-pont et la batterie. Le *Superbe* se penche alors sur bâbord, et reste dans cette position, appuyé par l'arrière, l'avant flottant encore. Le bâtiment s'étant rompu, il pouvait se partager en deux. Ce n'était pas là ce que le capitaine, M. d'Oysonville, redoutait le plus. Dans une des actions inégales des vagues, l'effort de la mer pouvait soulever le vaisseau, le tirer du berceau de rochers sur lequel il était appuyé, et le jeter au large du banc qui le portait. Alors le salut des hommes devenait problématique, car la batterie de dix-huit s'emplissait d'eau et le navire coulait bas. Que cette appréhension soit venue à quelques marins et qu'elle ait contribué à porter l'épouvante dans l'équipage, c'est ce que je ne puis dire : le commandant en fut tourmenté, cependant il ne le laissa point paraître. Son rôle était embarrassant; vous allez voir s'il le joua bien.

La terreur avait glacé tous les courages; chacun des matelots qui, pour la première fois, voyait la mer si horrible et le vent dans un accès de rage si furieuse, se croyait en droit de ne prendre conseil pour son salut que de sa résolution et de son désespoir. On se regardait comme dégagé des liens ordinaires de la discipline, tant le sauve-qui-peut semblait la seule loi naturelle. M. d'Oysonville et ses officiers s'aperçurent de cette disposition, où la malveillance et l'esprit de sédition n'entraient certainement pour rien, mais qu'inspiraient l'inexpérience et le délire de la peur. Le commandant assemble donc autour de lui tot ce qu'il y avait d'hommes sur le pont, et leur dit :

— Avant le naufrage, mes pouvoirs étaient grands, vous le savez : maintenant, ils sont immenses. Je suis maître absolu. Je n'invoque cette puissance que me donne la situation grave où nous nous trouvons que pour arriver plus sûrement à vous sauver tous. La moindre confusion, la moindre hésitation peuvent tout perdre. Ayez confiance en moi, confiance en vos chefs; obéissez promptement, ponctuellement, et ne craignez rien. Je compte aujourd'hui sur votre zèle et votre soumission, comme j'y comptais hier; et je vous préviens que je ferai fusiller sur-le-champ quiconque aura désobéi...

Cette petite harangue, prononcée d'un ton paternel mais ferme, et le calme qui régnait sur les traits du capitaine, produisirent le meilleur effet.

— Non, commandant! C'est bien, commandant, nous avons confiance!... furent la seule réponse à l'allocution dont nous rapportons à peu près les termes.

M. d'Oysonville s'était armé et il avait fait armer l'état-major, plus pour ajouter à la solennité de la position que pour se défendre ou se faire obéir. Il portait à son côté un sabre d'abordage, et n'avait pas voulu mettre de pistolets à sa ceinture, parce que l'impatience aurait pu y trouver un moyen trop cruel de se manifester.

Le capitaine avait ordonné cependant qu'on tirât des profondeurs du vaisseau ce qu'on pourrait en extraire de vivres, de sacs, de munitions, d'effets propres à un campement, et qu'on montât ces différents objets dans la batterie supérieure. On y travaillait avec autant d'activité que permettait de le faire l'état de stupeur et d'atonie morale où l'on se trouvait; l'énergie manquait, mais non ce sentiment du devoir. De fréquents coups de canon étaient tirés pour annoncer aux habitants de l'île la détresse du vaisseau et pour appeler des secours. Mais l'état de la mer était tel qu'il était impossible aux barques de Parekia de tenter l'aventure.

Un second maître d'équipage, le nommé Gigoux, s'était jeté à la mer, sans avoir averti personne, pour aller décider quelques patrons de caïques grecs à venir faire le sauvetage. Ce dévouement, auquel il faut d'autant plus applaudir que le maître connaissait tout le danger qu'il allait courir au milieu des rochers sur lesquels les lames devaient le précipiter, ne fut point fatal à Gigoux. Il arriva sain et sauf à terre, ce que l'on sut le lendemain matin.

Un officier, M. de Fropper, lieutenant de vaisseau, eut le même courage, mais non pas le même bonheur. Il se blessa et on put le remonter à bord. On cherchait à mettre des canots à la mer, moins pour satisfaire l'ardente impatience des hommes qui avaient hâte d'être transportés sur la côte, que pour leur bien démontrer l'impossibilité du succès dans de pareilles tentatives. Mais un petit canot fut brisé aussitôt qu'affalé.

Le canot du capitaine était déjà dans un état fâcheux, quand quelques bon nageurs proposèrent d'aller avec cette embarcation essayer d'établir un va-et-vient avec la terre. Ce canot partit donc avec son aventureux équipage. Hélas! il fut en quelques instants fracassé sur des récifs, et, grâce au ciel, les hommes échappèrent au péril.

Il était prouvé que rien ne devait réussir tant que la mer et le vent ne seraient pas calmes. M. d'Oysonville engagea donc l'équipage à prendre du repos pendant la nuit. Quel repos, grand Dieu !

Peut-on se faire une juste idée de l'état d'angoisses et de malaise dans lequel se trouvait l'équipage du *Superbe*, complétement démoralisé, exténué de fatigue et mourant de soif, parce qu'il n'avait pas été possible de monter une goutte d'eau dans la seconde batterie, et que la mer avait envahi si vite la cale qu'on n'avait pu vider avec la pompe quelques-unes des caisses à eau ?

Néanmoins le capitaine n'a qu'une pensée, une pensée fixe : le salut de tous les hommes que la patrie lui a confiés. Il n'est pas de repos pour lui; sa responsabilité pèse sur lui comme le rocher mythologique sur Sisyphe. Sans cesse il a l'œil fixé sur le baromètre, dont la déplorable immobilité n'est que trop bien justifiée par la contenance du vent, par l'horrible manteau noir qui drape l'horizon, par cette mer affreuse dont chaque ondulation peut déplacer le vaisseau et le noyer. Il s'assied cependant pour donner à son corps un peu du calme que son âme ne peut trouver. A peine est-il assis, qu'un marin entre

dans sa chambre. C'est un gabier, — matelot des hunes, — qui
salue son commandant et qui ensuite demeure interdit.

— Que veux-tu, mon garçon? lui demande M. d'Oysonville.

— Je viens vous dire de ne pas vous inquiéter, commandant, répond le gabier ; nous sommes douze lurons qui avons
juré de vous emmener d'ici, et de ne pas nous sauver sans
vous. Nous avons mis de côté de quoi faire un radeau, et,
quand vous voudrez, nous partirons.....

— Je te remercie, mon ami, répond le capitaine ; mais je
ne veux et ne dois point partir...

— C'est ce que nous estimons, commandant ; mais nous ne
souffrirons pas que vous mouriez ici ; car enfin nous savons
bien que vous n'êtes pour rien dans ce naufrage. Ce n'est pas
votre faute si ce gueux de pilote nous a conduits ici et si l'on a
mouillé cette ancre damnée ! Nous vous aimons. Vous avez
entendu comme l'équipage a crié : Vive le capitaine ! lorsque
le *Superbe* a doublé la pointe à droite de Nausse... Ainsi, à vos
ordres, commandant !...

— Encore une fois merci, mon garçon. Ce que tu me dis
là me prouve la confiance que vous avez eue en moi ; j'en suis
très reconnaissant et je vous en demande une nouvelle marque :
c'est de faire, demain, tout ce que je vous ordonnerai pour la
justifier... Va te coucher, et dis à tes camarades que j'ai bon
espoir...

La nuit du 15 se passa sans accident. Au point du jour les
travaux recommencèrent. Des barils vides, bien bondés, furent
attachés à des lignes de loch, cordages très minces, qu'ils pouvaient facilement traîner après eux dans l'eau. On les lança à
la mer dans l'espoir que la lame et le vent les pousseraient à
la côte, où les matelots qui y étaient parvenus la veille avec le
canot du commandant pourraient les saisir. Une roche était
derrière le *Superbe*, et l'on craignait qu'elle n'arrêtât ces
bouées : il n'en fut rien. Le premier baril arriva à terre en
contournant le rocher, aussi ce ne fut pas une médiocre joie
pour l'équipage. Les matelots du rivage se saisirent de ce
flotteur et tirèrent à eux la ligne de loch au bout de laquelle

devait venir un cordage plus solide pour établir le va-et-vient
si désiré. Mais, après quelques efforts, on s'aperçut que la
ligne se prenait dans les rochers et ne pouvait s'en dégager. Un
second, un troisième baril suivirent le premier. Ils furent
suivis eux-mêmes de quelques autres, toujours avec le même
résultat.

Pendant que quelques hommes s'occupaient de cette opération infructueuse pour le moment, mais qui avait appris cependant une chose intéressante, à savoir que des objets flottants
pouvaient aller à terre sans être jetés sur la terre, et arriver
dans une petite anse favorable à leur échouage, le capitaine
d'Oysonville faisait préparer deux grands flotteurs, pour le cas
où le vaisseau viendrait à s'ouvrir ou à couler.

Au moment où le *Superbe* avait touché, deux des mâts étaient
tombés ; le grand mât et le mât d'artimon étaient sur le pont.
On les garnit de bouts de cordes terminés par des ganses, auxquels les hommes pourraient s'accrocher au besoin. Ce n'est
pas tout : le chagrin des matelots, qui ne voyaient aucun amen-
dement dans le vent ni la mer, était tel qu'ils demandaient la
permission de se rendre à terre, à la nage, au risque presque
certain de se noyer. Le commandant refusait, mais il s'ingé-
niait à trouver des moyens de sauvetage pour satisfaire l'impatience des naufragés. L'expérience des barils servit alors, et
M. d'Oysonville permit qu'on établît une quantité de petits radeaux avec des portes, des tables, des cloisons, des caisses,
etc. Il fit jeter successivement ces radeaux à la mer, et tout
ce qui put sans imprudence se livrer au hasard de cette navigation, tout ce qui ne fut pas effrayé des continuelles passades
que la mer, déferlant à plus de quinze pieds au-dessus de la
tête des nageurs, donnait aux pauvres fugitifs, se rendit à la
côte. Les hommes qui ne nageaient pas bien furent sauvés en
se mettant entre deux bons nageurs. Le succès des radeaux
fut complet et rendit un peu de courage à ceux qui étaient
demeurés à bord du vaisseau ; ils entrevoyaient un moyen assuré de gagner l'île. Cette confiance était d'autant plus heureuse qu'un désappointement bien grand avait consterné tout le

monde. Maître Gigoux était parvenu à faire sortir du port de
Parekia une barque qu'il dirigeait vers le *Superbe*. Mais ce fut
une lueur d'espérance qui s'effaça bientôt : la barque lutta en
vain pour accoster le vaisseau, il lui fallut renoncer à son entreprise et retourner au rivage après avoir couru mille dangers.

Beaucoup d'hommes répugnaient naturellement à se servir
de petits radeaux, soit parce qu'ils ne savaient pas nager, soit
parce que, effrayés et perclus de froid, ils n'osaient pas se
livrer aux chances périlleuses d'un trajet dans l'eau. Ils attendaient qu'on crût possible la mise à la mer de la chaloupe et
du grand canot. Mais la mer était encore trop mauvaise.
M. d'Oysonville ordonna cependant qu'on poussât dehors le
grand canot. Un officier plein de résolution, M. Maisonneuve,
s'y embarqua avec quelques canotiers, pensant pouvoir établir
la communication qu'il importait tant d'obtenir avec la côte ;
un cordage tiré du vaisseau tint quelque temps l'embarcation ;
puis, bientôt, elle fut contrainte de lâcher l'amarre. Le flot se
rendit maître du canot et le lança sur les rochers de la côte, à
droite de la roche qu'il espérait contourner moins malheureusement. Les canotiers se sauvèrent, mais l'équipage du vaisseau
retomba dans ses accès de désespoir en voyant lui échapper ce
moyen de salut.

— Il nous reste encore des ressources, mes enfants, dit le capitaine, ne vous découragez donc pas ! Travaillons à mettre la
chaloupe à l'eau, et, peut-être, avec elle, serons-nous plus heureux qu'avec les autres embarcations. A l'ouvrage ! prenons
notre temps ; rien ne nous presse... Le danger, loin d'augmenter, doit bientôt diminuer, car la tempête ne peut persister
longtemps encore avec cette rage inouïe. Mettons-nous donc
tous à la besogne. Allons, maître Jaconieu, disposez votre
monde, et commençons !...

L'opération était difficile, elle fut longue ; elle ne dura guère
moins de trois heures. Les auxiliaires de maître Jaconieu
n'étaient pas les meilleurs matelots du bord. La plupart de ses
hommes d'élite étaient descendus à terre. Les douze gabiers
eux-mêmes qui avaient voulu sauver le commandant avaient

fait leur radeau sur l'ordre que leur en avait donné M. d'Oysonville, et s'étaient rendus à la côte. Malgré tout, on parvint à
mettre la chaloupe à la mer, du côté où le vaisseau penchait.
Ici les tentations furent grandes pour ceux qui avaient hâte de
se sauver. La chaloupe pouvait porter environ cent vingt hommes : ce fut donc à qui s'y jetterait le premier. On se pendait
aux chaînes des porte-haubans et à tout ce qui tenait au plat-
bord ; on guettait le moment où la vague apporterait l'embarcation assez près de soi, et on s'y lançait. Le capitaine était
là, présidant à ce transbordement, nécessairement un peu
désordonné. Alors, quand M. d'Oysonville voit quatre-vingts
hommes dans la chaloupe, il s'écrie :

— Assez de monde, maintenant, assez !

— Mais, commandant.... murmurèrent quelques voix.

— Pas un homme de plus, entendez-vous ? Restez à bord,
vous autres...

A cette parole ferme et impérative, tout ce qui aspirait à
partir remonte avec docilité, comme si on avait commandé un
exercice ordinaire, en rade.

La chaloupe s'éloigne, mais, hélas ! elle a le sort du grand
canot. Nouveau désespoir pour les matelots du bord, car la
nuit revient, et que peut être cette seconde nuit ? Un extrême
abattement succède à l'effervescence bruyante de la douleur.

— Nous avons encore de quoi faire un grand radeau, dit
M. d'Oysonville ; joignons donc à nos mâts de hune de rechange
ce que nous avons de matériaux, et nous aurons un excellent
moyen de transport.

La proposition du capitaine est accueillie avec faveur ; tout
le monde comprend que c'est la dernière ressource. On tra-
vaille avec soin, avec courage. Le radeau est prêt ; M. d'Oysonville ne juge pas à propos qu'on le lance tout de suite ; il or-
donne de le laisser où on l'a fabriqué, jusqu'à ce qu'il soit revenu de la chambre. Mais, quelques minutes après, on parle
de s'en aller ; on veut mettre à l'eau le grand flotteur, qu'on

voudrait déjà voir toucher la côte. Un officier court avertir le
capitaine, qui monte aussitôt sur le pont.

— Le commandant! le commandant! disent, en se levant
les matelots, d'un ton qui n'a rien de menaçant, mais qui veut
dire : Voyons, que veut-il que nous fassions?

— Que vient-on de m'apprendre, mes amis? s'écrie le capitaine. On dit que vous voulez jeter le radeau à la mer, sans
mes ordres? Eh bien! non. Quand je croirai qu'il est temps
de le lancer, je vous le dirai. Jusque-là, que pas un ne bouge!

Cependant, alors que le commandant fait mettre enfin le radeau à la mer, on voit arriver vers le *Superbe* un caïque grec
loué à grands frais. Il a mouillé un grappin à gauche de la roche que le vaisseau a sur son arrière ; le câblot lui servira à
s'établir comme va-et-vient entre le bâtiment et la plage. Le
voici qui accoste, et ceux qui étaient si pressés tout-à-l'heure
de se confier au radeau, tournent maintenant leurs regards
vers la barque.

— Eh bien! mes enfants, qui donc descend vers le radeau?
demande malicieusement M. d'Oysonville.

— Mais voici un caïque, commandant... disent joyeusement
les matelots.

— Oui, mais il ne peut contenir que peu de monde, et qui
sait si nous serons assez heureux pour qu'il fasse plusieurs
voyages... Aille sur le radeau qui voudra...

Soixante hommes y descendent ; le flotteur part et arrive
sans accident.

Le caïque accoste alors à tribord, et tout le monde est debout sur la préceinte du vaisseau pour se jeter dedans. Mais le
capitaine arrête cette foule d'un regard.

— N'est-il pas des individus auxquels nous devons penser
avant tout? dit-il. N'avons-nous pas des malades et des mousses?

Chacun se retire à ces sages paroles. On monte donc les malades et on embarque les mousses. Le caïque peut encore prendre trois ou quatre hommes; tous conjurent qu'on les laisse
sauter dans la bienheureuse embarcation. Mais M. d'Oysonville

place en faction, le sabre à la main, deux élèves de marine, et leur dit :

— Si quelqu'un veut partir malgré moi, passez-lui votre sabre au travers du corps... vous répondez de l'exécution de cet ordre.

Le caïque part. Mais alors c'est à qui demandera la faveur d'être du premier voyage : l'un, parce qu'il est marié ; l'autre, parce qu'il est le soutien de son père ; celui-ci, parce qu'il meurt de soif depuis trente heures ; celui-là, parce qu'il a un enfant qui n'a plus de mère !

Bref, le caïque fait quatre voyages, et, chaque fois, il emporte quatre-vingts hommes désignés par le capitaine.

Cependant la nuit se fait, et, en même temps, la mer embellit : voici même que le vent tombe peu à peu.

Cent quarante hommes restent encore sur le *Superbe*. Mais il faut encore se résigner à attendre et remettre au lendemain le sauvetage de ces derniers naufragés.

La raison l'emporte sur la terreur ; on se met à l'abri, et presque tous les infortunés Français, épuisés par la fatigue, dorment de tout leur cœur, dans l'espérance d'un heureux réveil.

En effet, le lendemain, beau temps, mer navigable ! Tout le monde est heureusement sauvé, et sauvé grâce à l'inépuisable énergie du capitaine d'Oysonville. Ce fut un prodige de discipline que celle qui régna à bord pendant ces trois mauvais jours, et, sans cette discipline admirable, comme sans le sang-froid du digne commandant, tout peut-être était perdu

Une fois à terre, le service se fit comme si l'équipage était encore à bord. Enfin, après une attente de dix jours, les marins du *Superbe*, leurs tambours et leurs officiers en tête, partirent pour Nausse, où on leur avait envoyé, pour les prendre, le vaisseau la *Ville de Marseille*. Pas un homme ne manqua à l'appel. M. d'Oysonville n'avait perdu que neuf matelots dans les deux cruelles journées qu'il employa au débarquement : celui qui avait été tué par la chute du mât de beaupré, et huit autres qui, impatients d'échapper au danger que courait le vaisseau de s'enfoncer dans l'abîme, se noyèrent par trop d'imprudence et pour avoir négligé quelques-unes des précautions qu'on leur avait recommandées.

M. d'Oysonville, traduit devant un conseil de guerre, selon l'usage en pareille circonstance, dut répondre de la perte de son vaisseau. Mais il se justifia complètement et fut honorablement acquitté de l'accusation portée contre lui. Aucun doute ne plana sur la capacité ni sur l'énergique dévouement de cet habile et généreux officier. Son épée lui fut donc rendue, et un nouveau commandement important lui fut confié depuis, pour le dédommager de sa mauvaise fortune.

INCENDIE DU NAVIRE ANGLAIS LE GOLDEN-GATE,

NON LOIN DE SAN-FRANCISCO, SUR LES CÔTES DE LA CALIFORNIE,

la fin de juillet 1862.

Voici un affreux sinistre, dont nous devons la relation au capitaine Pearson, passager à bord du *Golden-Gate*, au moment où le navire s'éloignait des côtes de la Californie pour revenir en Angleterre :

« Le 27 juillet 1862, vers quatre heures quarante-cinq minutes du soir, nous venions de nous mettre à table pour dîner, lorsqu'on vint dire au capitaine Hudson que le feu était à son navire. Il s'empressa de monter sur le pont et prit le commandement pendant que j'allais combattre l'incendie. Tout l'avant de la division du navire consacrée à la machine était en feu. Déjà le mécanicien ajustait le tuyau de la pompe. Pendant ce temps, j'allai promptement au tambour des roues, appelant à moi ceux que je rencontrais pour faire agir les seaux à incendie, qui sont toujours en ce lieu.

» Je pus lutter un moment contre les progrès du feu, en

répandant de l'eau tout à l'entour de la cheminée : mais bientôt
la chaleur de ce foyer de combustion et la fumée me contrai-
gnirent à battre en retraite.

» Je montai sur la partie supérieure du pont, pour m'assurer de la manière dont fonctionnait la pompe. De là, j'allai
donner quelques avis aux hommes qui mettaient l'une des embarcations à la mer. Le capitaine Hudson m'apprit alors qu'il
avait dirigé le steamer vers la côte, dont nous étions à trois
milles et demi.

» Je rentrai dans le navire et je vis clairement qu'il était
perdu.

» En effet, les flammes avaient envahi toute la machine.
M. Waddell me dit alors que des hommes étaient dans la cale,
qu'ils y étaient cernés, et qu'ils allaient périr, si on ne les
secourait. Nous parvînmes à leur ouvrir un passage, en sa-
pant la chambre aux bagages. M. Waddell se trouva dans cet
instant arrêté lui-même par le feu. Il ne put se sauver qu'en
se jetant par les écoutilles dans la mer, d'où on le retira sain
et sauf.

» La panique s'était emparée des femmes et des enfants. Je
les fis monter sur les tambours, et j'emportai dans mes bras
les deux enfants de M. Richard. La flamme nous atteignit et
nous brûla au passage. A ce moment terrible, M. Hudson avait
été repoussé à l'avant. Au risque de ma vie, je revins encore à
l'arrière, par les tambours, et je m'emparai de trois appareils
de sauvetage. Je retournai alors à l'avant à travers la four-
naise, et je remis à MM. Flind et Wood, le comptable, deux
appareils : mais je conservai le troisième pour moi, afin de
l'utiliser, si j'y étais contraint par l'épuisement de mes forces.
M. Wood remit le sien à une femme désolée qui perdit la vie,
nonobstant ce secours.

» Cependant le *Golden-Gate* s'avançait vers la terre. Un moment il dévia dans sa marche, et prit la direction nord, comme
s'il n'était plus possible de le gouverner : mais heureusement
il revint bientôt à son impulsion vers la côte. Le feu gagnait
les pompes néanmoins, et celles-ci ne lui cédaient le terrain

que pied à pied. Je donnai avis à ceux qui ne savaient pas nager de s'emparer de tout objet flottant et capable de les soutenir à fleur d'eau, puis je leur recommandai de rester calmes jusqu'à ce que le navire touchât le rivage. Plusieurs le firent; mais, hélas! d'autres, égarés par la frayeur, se jetèrent à la mer.

» A cinq heures et quart, le premier pont s'effondra, et l'un des mâts tomba à bâbord. Peu après, le navire toucha. Aussitôt, je criai à ceux qui m'entouraient de sauter à l'eau et de faire de leur mieux pour atteindre le rivage. Les lames poussaient à terre et plusieurs purent se sauver. Ceux d'entre eux, à qui restaient quelques forces, prêtèrent assistance aux autres. Le capitaine Hudson et moi, nous restâmes seuls : les flammes et la fumée nous entouraient. Enfin le capitaine Hudson tomba à la mer et gagna terre. Quant à moi, j'étais épuisé moralement et physiquement. J'avais les mains et les épaules brûlées, et, quoique bon nageur, jamais je n'aurais pu atteindre le rivage sans le secours d'une épave qui me soutint. J'avais essayé d'attacher mon appareil sauveteur : ce fut en vain. Deux fois je fus culbuté et séparé de mon appui. Enfin j'arrivai... J'étais à bout de forces.....

» Beaucoup de nos infortunés compagnons avaient péri, car la plage se couvrait de cadavres. Aussi nous étions tous dans la plus sombre désolation. Ce qui rendit ce spectacle plus épouvantable encore, c'est que ce fut à la lueur sinistre projetée par les flammes qui dévoraient le *Golden-Gate*, que nous pûmes amener sur le sable, hors des atteintes des flots, les corps que la vague apportait. C'était une scène déchirante.

» Vers neuf heures, ce que le feu n'avait pas détruit se brisa sous l'effort des lames, et une partie de notre navire disloqué fut jetée sur la rive.

» Le lendemain matin, plus rien de visible du *Golden-Gate*, si ce n'est un fragment de roue qui dominait le niveau de l'Océan... »

Parmi les scènes lugubres que décrivent les lettres des pas-

sagers échappés au sinistre, il en est une qui porte de grands
enseignements philosophiques.

« L'or roulait de toutes parts sur le pont. Plusieurs hommes en eussent eu leur charge. Un passager, du nom de
Brady, jeta pour sa part trois cents onces d'or enveloppées
dans une chemise de laine et s'écria :

» — Si je vais au fond de la mer, nul ne pourra dire que
c'est l'or que j'emporte qui m'a fait couler...

» Cet homme échappa à la mort. »

Un autre passager, M. Moreau, jetait son or sur le pont à
pleines poignées. Il était comme hébété et disait avec un accent étrange :

— En voilà de l'or ! En voilà ! Qui en veut?

Mais ce n'était pas à l'or que l'on pensait en ce moment :
c'était à la vie, chose plus précieuse! Nul ne ramassait l'or
qu'il foulait aux pieds.

Voici, d'autre part, un beau trait de dévoûment:

L'un des passagers portait trois mille dollars cachés dans sa
ceinture. Il était bon nageur et eût pu gagner la terre avec
ce poids. Mais un enfant était près de lui, lorsqu'il dut se
jeter à l'eau. Le pauvre petit être allait périr ! L'or fut aussitôt
sacrifié, et le passager prit l'enfant sur ses épaules, et... tous
deux échappèrent au trépas...

ABORDAGE DES NAVIRES FRANÇAIS CHINCHA ET SOLFÉRINO,

EN VUE DU HAVRE,

Le 4 septembre 1862.

Le navire français *Chincha*, capitaine de Katow, sorti du
Hâvre le mercredi 3 septembre 1862, faisant voile pour l'île
Maurice, rentrait en relâche le jeudi 4, à la suite d'un abordage
avec un autre navire français, le *Solférino*, capitaine Laisné,

sorti également du Hâvre, et cinglant pour Fernambuco et
Géara.

Il résulte du rapport du capitaine de Katow que l'abordage
a eu lieu dans la matinée du mercredi, à trois heures, pendant le quart du second, en vue des feux de Sainte-Élisabeth
et de Noedle-Point. Les deux navires restèrent, après l'abordage, une demi-heure encore bord à bord, et lorsqu'ils se dé-
gagèrent l'un de l'autre, onze hommes de l'équipage du *Solférino* sautèrent sur le pont du *Chincha*, tant ils redoutaient
l'engloutissement de leur navire.

A huit heures du matin le *Chincha* perdit de vue le *Solférino*
dans un grain, et, se sentant lui-même très avarié par le choc,
il reprit la route du Hâvre, où il rentrait à six heures du soir.

Parmi les onze hommes du *Solférino* ramenés par le *Chincha*,
se trouvait le second, M. Duriard, qui avait été blessé dans
l'abordage.

Il ne restait plus à bord du *Solférino* que trois hommes et le
capitaine, M. Laisné, un des officiers les plus appréciés de la
place.

On comprend quelle anxiété ces tristes nouvelles répandirent
dans la nombreuse partie de la population du Hâvre qui s'in-
téresse aux événements de mer. Chacun se demandait quel
pouvait être le sort du *Solférino*, après un tel abordage, dans
des parages difficiles, par un temps à grains, ainsi que le cons-
tatait le rapport de Katow, capitaine du *Chincha*.

Aussitôt le sinistre connu, le capitaine Dubourg, commandant l'*Éclair*, reçut l'ordre du directeur de la Compagnie des
Paquebots, d'aller à la découverte pour porter du secours au
Solférino, et, au besoin, le ramener au Hâvre, s'il le rencon-
trait. Parti du port à sept heures trois quarts, le jeudi 4, l'*Éclair*,
après s'être enfoncé dans l'ouest-nord-ouest jusqu'à vingt-
cinq milles, revint au Hâvre sans avoir rien trouvé.

Heureusement, le vendredi 5, on eut enfin des nouvelles du
navire errant à l'aventure. Le *Solférino*, démâté de son mât de
misaine, avait été rencontré par un vaisseau anglais qui lui
avait donné la remorque et l'avait conduit sur les côtes d'An-

gleterre. Ces deux bâtiments avaient été aperçus le jeudi 4, à onze heures du matin, à trois lieues environ au large, en face de Beachy-Head, courant tous deux à l'est et se dirigeant vers les Dunes. Ces détails étaient apportés par le steamer de New-Haven.

En effet, le lendemain, le capitaine du *Solférino*, M. Laisné, écrivait lui-même à ses armateurs, MM. Mazurier, du Hâvre :

« Ramsgate, 5 septembre 1862, onze heures vingt-neuf minutes.

» Le *Solférino* a relâché avec beaucoup d'avaries occasionnées par un abordage avec un navire de la maison Barbey. L'équipage, presque tout entier, a déserté le *Solférino* et se trouve sur le navire *Chincha*, qui nous a abordé. Le *Solférino* ne fait pas d'eau. Il a été conduit ici par un navire anglais... »

ABORDAGE DU STEAMER LE HAMBOURG AVEC LA JUANITA,

EN FACE DU HAVRE,

Le 17 octobre 1862.

Les tempêtes de l'équinoxe d'automne avaient rendu la navigation très difficile, pendant le mois d'octobre, sur les côtes de France et d'Angleterre.

Ainsi un terrible événement de mer avait lieu, le 17 octobre 1862, en face même du port du Hâvre, d'où l'on pouvait voir, sans s'en rendre compte, les mouvements et les péripéties du drame dont la Manche était le théâtre.

Dès le point du jour, le sémaphore de la Hève signalait au Hâvre qu'un trois-mâts, la *Juanita*, de Bayonne, venant de Montevideo, était mouillé à quelques milles de la côte, pavillon en berne, à peu de distance d'un steamer coulé par abordage, que l'on désignait sous le nom de *Hambourg*, faisant le service côtier du Hâvre à Brest. On indiquait que plusieurs personnes avaient péri.

Ces tristes nouvelles furent transmises de bouche en bouche avec une rapidité électrique. Beaucoup de personnes se rendirent sur la jetée, et pendant toute la matinée, à l'aide de longues-vues, les marins cherchèrent à distinguer sur le théâtre du naufrage quelque indice plus explicite que les nouvelles transmises par signaux.

On avait expédié du Hâvre sur le lieu du sinistre le steamer le *Jupiter*, un des remorqueurs du port, pour ramener le trois-mâts, qui devait avoir souffert des avaries, et le bâtiment de sauvetage pour établir un va-et-vient, l'état de la mer rendant périlleuses les communications d'un bâtiment à l'autre.

Pendant plusieurs heures, les spectateurs de la jetée suivirent, avec une anxiété facile à comprendre, les manœuvres du bateau de sauvetage, ainsi que celle du *Jupiter*, que l'on vit enfin, vers midi, donner la remorque à la *Juanita*, et faire route vers le port.

Ce ne fut que vers quatre heures, cependant, que ces deux bâtiments, l'un remorquant l'autre, effectuèrent leur entrée, et que aux suppositions et aux anxiétés succédèrent de navrantes certitudes sur les détails du sinistre.

Le *Hambourg*, capitaine Duval, était sorti le matin, vers trois heures, pour Brest, par un très mauvais temps, les vents soufflant du sud-ouest en tempête. C'est à six milles ouest du port qu'il fut abordé à tribord par la *Juanita*, avec une violence telle qu'en quelques secondes le steamer coulait bas, coupé à l'avant par le trois-mâts.

Un des chauffeurs fut broyé par le choc dans sa cabine.

En effet, peu après, le capitaine Duhart, commandant la *Juanita*, publia le rapport que voici :

« A quatre heures du soir, nous apercevions par bâbord de nous un bateau à vapeur qui venait avec ses feux de position en place : les nôtres y étaient aussi. Ses feux rouges paraissaient par bâbord. Je demandai au pilote si c'était un remor-

queur; il me répondit qu'il n'en savait rien. Tout-à-coup, je
vis ce bateau qui avait mis la barre à tribord, et je découvris
son feu vert. Il était si près de nous que l'abordage était inévi-
table. Je fis mettre de suite la barre dessous pour faire per-
d:e l'air et amortir le choc ; mais, malheureusement, la *Juanita*
avait beaucoup d'air, et le steamer également. Aussi je l'abordai
par le travers tribord du mât de misaine.

» Le choc fut terrible. On commença à nous crier que le
bateau coulait ; le bâtiment culait avec ses voiles masquées!
Aussitôt laissé tomber l'ancre et mis l'embarcation à la mer
pour opérer le sauvetage. Mais avec la force du vent et de la
mer, elle ne pouvait agir. Il ne lui fut donné de recueillir que
quatre hommes, une femme et une petite fille. Elle retourna
néanmoins, et put ramener encore quatre autres personnes.
Une dernière fois l'embarcation visita la hanche du steamer,
mais elle revint aussitôt, ne voyant plus rien, n'entendant
aucun cri.

» Au jour, cependant, j'aperçus un homme au sommet d'un
mât et qui faisait des signaux avec son pantalon. De suite, envoyé l'embarcation pour le chercher. Hissé le pavillon en
berne pour demander du secours. Vers dix heures du matin,
le *Jupiter* vint près du bord, ayant à sa remorque un bateau de
sauvetage.

» Dans le choc, la *Juanita* a eu son bout-dehors de grand foc
cassé, son étrave endommagée, et, sous la joue de bâbord,
quelques bordages écrasés. Vers midi, le *Jupiter* nous donna
la remorque. La mer était si grosse, que j'ai abandonné l'ancre,
avec deux maillons de chaîne, pour appareiller. A trois heures
et demie, entré au port du Hàvre, où j'ai débarqué le capitaine
Duval, du steamer le *Hambourg*, quatorze hommes de son équipage et huit passagers... »

Cependant la liste des victimes de ce désastre fut bientôt
connue dans la ville. Elle contenait huit noms, parmi lesquels
figuraient ceux du chauffeur, qui avait été broyé par le choc
de l'abordage, dans sa cabine, et d'une femme de chambre,
qui devait se marier au retour du voyage. Les autres noms

appartenaient à des passagers engloutis avec le navire. Parmi
eux figure le nom d'une malheureuse femme, qui avait avec
elle son enfant.

Ce pauvre petit être a échappé à la mort. Il se nomme Victor
Feuillet. Amené par la *Juanita* et déposé sur le quai du port,
cet enfant faisait mal à voir. Rien ne pouvait le consoler de la
perte de sa mère. Ses gémissements déchiraient l'âme. Heureusement sa grand'mère habite le Hâvre, et on s'est empressé de
le conduire dans les bras de son aïeule, dont la tendre affection
finira sans doute par triompher de cette cruelle et persistante
douleur.

Un mousse, intéressante petite créature de onze ans, a été
sauvé par le matelot breton Hervé Troadec, qui, avant de sauter lui-même sur la *Juanita*, après l'abordage et pendant l'engloutissement du *Hambourg*, a lancé l'enfant par-dessus les
parois et est allé le rejoindre.

Les hommes du *Hambourg* qui ont échappé à la catastrophe
ont été logés, vêtus et nourris, au Hâvre, par l'administration
de la marine.

Dix-huit jours après l'abordage de ces deux navires, on savait que les rivages de Berville-sur-Mer et Contreville étaient
couverts d'épaves provenant de ce cruel événement. Ces débris
consistaient en portes de cabines à poignées de cristal et en
morceaux de lambris plaqués en acajou avec dorures.

Au moment même où nous écrivons ces lignes, nous apprenons que la mer continue à restituer à la terre les victimes de
ce naufrage. Le 30 octobre, les flots ont déposé à la pointe
du Hoc le cadavre d'un homme de vingt-cinq ans. En outre, le
vapeur *Impératrice-Eugénie*, patron Morgan, étant à cinq milles
dans le nord de la Hève, a trouvé un cadavre d'homme qu'il
a ramené dans le port du Hâvre. Ce dernier noyé paraissait
âgé de trente à quarante ans

ENGLOUTISSEMENT DU NAVIRE LE SAINT-LOUIS

DANS LA MANCHE,

En octobre 1852.

Le *Saint-Louis*, navire de quatre cents tonneaux, affrété à Marseille pour prendre un chargement de grains en destination de l'Angleterre, après une heureuse navigation dans la Méditerranée et l'Océan, rencontra, le 18 octobre, un grand cotre qui lui donna un pilote de la Manche et prit le large.

Presque aussitôt le temps devint très mauvais, et ne s'améliora pas durant toute une semaine. Alors le navire commença à faire eau.

Le samedi 25, pendant un terrible ouragan du sud-ouest, les trois mâts furent brisés en même temps.

Pendant cette catastrophe, les pompes se trouvèrent endommagées de telle sorte que le navire devint innavigable. Le pilote avait été grièvement blessé par la chute de la mâture. Durant tout le jour qui suivit, les naufragés n'aperçurent pas de navires et ne purent espérer aucun secours. Mais à la tombée de la nuit, on vit paraître un steamer. Aussitôt tout l'équipage poussa des cris de détresse qui furent entendus.

Le steamer stoppa et alluma ses feux. Par malheur, la tempête épouvantable qui régnait en ce moment empêchait le capitaine du steamer de se rendre exactement compte de la position de l'épave, et, d'ailleurs, la perte des mâts du *Saint-Louis* rendait toute observation extrêmement difficile, sinon impossible. Le steamer, avec une grande persistance, fit jusqu'à trois fois le tour de l'épave; mais après avoir perdu plusieurs heures en recherches vaines, il reprit sa course.

Ce triste drame s'accomplissait par 8° 40' longitude ouest, soit à mi-chemin entre Land's-End et le cap Clear. Le malheureux capitaine et son équipage, — vingt-huit hommes en tout, — se trouvaient donc abandonnés, sans espoir, à cent cinquante milles de la côte.

Depuis longtemps les pompes ne marchaient plus, et l'eau envahissant la cale, avait fait gonfler les grains dont se composait le chargement. Enfin, pendant la nuit, le navire s'ouvrit complètement de l'avant à l'arrière et sombra. La majeure partie de l'équipage réussit à se réfugier sur des épaves et sur ce qui restait du gréement.

C'est alors que M. Paul-Augustin Fabre, et le fils du capitaine, Louis Fabre, parvinrent à se cramponner à un tronçon de mât de misaine. Le premier, contusionné et meurtri par tout le corps, eut beaucoup de peine à retenir l'enfant, qui avait reçu une effroyable blessure au front et à la figure. Du reste, il lui est impossible de préciser ce qui s'est passé depuis ce moment. Ce qu'il y a de certain, c'est qu'il a été ballotté sur son épave, tenant dans ses bras son pauvre enfant à moitié mort, pendant le reste de la nuit du samedi, toute la journée et la nuit du dimanche jusqu'au lundi, quatre heures du matin, moment où l'épave s'est échouée à la côte, près de Cornish, ce qui a permis à l'infortuné père de gagner la terre ferme.

M. Fabre ne parle pas anglais. Cependant il demanda du secours à un brave pêcheur qui, voyant sa détresse et celle de son petit compagnon, leur donna des habits. Le courageux capitaine reprit alors sa marche dans l'intérieur du pays, et après tout un jour de fatigue, il atteignit une station de chemin de fer, où un généreux voyageur lui ayant payé sa place, il prit le convoi, et put arriver enfin à Plymouth.

Nulle nouvelle d'aucun des hommes de l'équipage du *Saint-Louis*. Parmi eux se trouvaient quatre matelots grecs : tous les autres étaient Français.

FIN.

TABLE.

Naufrage du brigantin le *Tigre*.   5
Étrange navigation et naufrage du navire indien la *Junon*.   55
Naufrage de la frégate française la *Méduse*.   69
Naufrage de la corvette française l'*Uranie*.   94
Échouage de la corvette française l'*Astrolabe*.   105
Le *Fœderis-Arca*.   126
Perte des vaisseaux le *Henri IV* et le *Pluton*.   130
Découverte de la perte de l'*Erèbe* et la *Terror*.   161
Perte du navire français le *Superbe*.   168
Incendie du navire anglais le *Golden-Gate*.   180
Abordage des navires français *Chincha* et *Solférino*.   183
Abordage du steamer le *Hambourg* avec la *Juanita*.   185
Engloutissement du navire le *Saint-Louis*.   189

FIN DE LA TABLE.

Limoges. — Imp. Eugène Ardant et Cⁱᵉ.

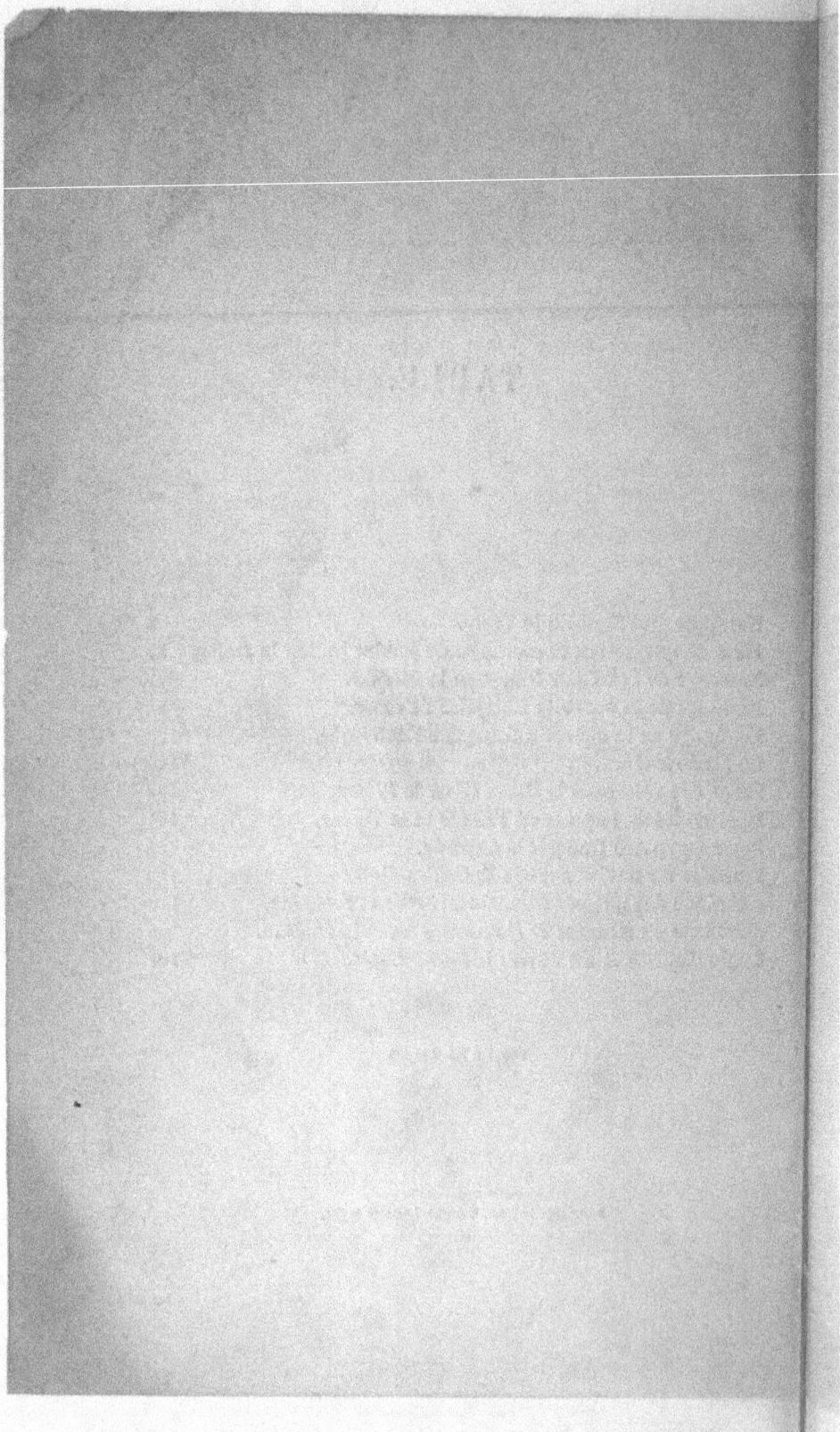

www.ingramcontent.com/pod-product-compliance
Lightning Source LLC
Chambersburg PA
CBHW072004090426
42740CB00011B/2076